有效培养
卓越管理者是这样炼成的

·在商业上，被人仰慕胜过被人畏惧·

【西】圣地亚哥·伊尼格斯·德翁左诺（Santiago Iñiguez de Onzoño）◎ 著
邹宇峰　唱小溪 ◎ 译

COSMOPOLITAN MANAGERS

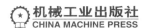

我们生活在迫切需要新形式领导力的时代,社会迫切需要具有创业素质,敢于承担社会责任,具有领导力和跨文化技能的管理者。企业及其高层管理人员也迫切想要找到更适于经理人成长的史无前例的、更全面的方法,以解决企业发展中遇到的实际问题。

本书是顶级商学大师圣地亚哥·伊尼格斯·德翁左诺多年从事管理教育、演讲、研究的最新成果。他从管理、人文、哲学、历史和文学方面分享了新形势下管理者如何高效成长、解决问题的各种思考和经验。他的有关管理者发展阶段理论,如何使年长的、经验丰富的管理人员保持持续更新的竞争力和创造力,以及他对挑战的深刻见解与不断攀登事业高峰所能获得回报的讲述是非常精彩的。

翻开本书,看顶级商学大师为你揭开管理者成长的秘密,通过13章的学习,让管理者的视野更加开阔,思维更加灵活,学习更加高效,决策更加合理,进而在未来成长道路上少走弯路,尽快取得成功。

Copyright © 2016 Santiago Iñiguez de Onzoño

First published in English by Palgrave Macmillan, a division of Macmillan Publishers Limited under the title *Cosmopolitan Managers* by Santiago Iñiguez de Onzoño. This edition has been translated and published under licence from Palgrave Macmillan. The author has asserted his right to be identified as the author of this Work.

This title is published in China by China Machine Press with license from Palgrave Macmillan. This edition is authorized for sale in China only, excluding Hong Kong SAR, Macao SAR and Taiwan. Unauthorized export of this edition is a violation of the Copyright Act. Violation of this Law is subject to Civil and Criminal Penalties.

本书由Palgrave Macmillan授权机械工业出版社在中华人民共和国境内(不包括香港、澳门特别行政区及台湾地区)出版与发行。未经许可的出口,视为违反著作权法,将受法律制裁。

北京市版权局著作权合同登记　图字:01-2017-7269。

图书在版编目(CIP)数据

有效培养:卓越管理者是这样炼成的/(西)圣地亚哥·伊尼格斯·德翁左诺著;邹宇峰,唱小溪译.—北京:机械工业出版社,2018.5

书名原文:Cosmopolitan Managers:Executive Development that Works

ISBN 978-7-111-59793-3

Ⅰ.①有… Ⅱ.①圣… ②邹… ③唱… Ⅲ.①企业管理—职工培训　Ⅳ.①F272.92

中国版本图书馆CIP数据核字(2018)第078514号

机械工业出版社(北京市百万庄大街22号　邮政编码100037)
策划编辑:孟玉琴　　　责任编辑:徐春涛
责任校对:于　雷　　　版式设计:张文贵
责任印制:常天培
北京圣夫亚美印刷有限公司印刷
2018年5月第1版·第1次印刷
170mm×242mm·14.75印张·3插页·164千字
标准书号:ISBN 978-7-111-59793-3
定价:62.00元

凡购本书,如有缺页、倒页、脱页,由本社发行部调换

电话服务　　　　　　　　　网络服务
服务咨询热线:(010)88361066　机工官网:www.cmpbook.com
读者购书热线:(010)68326294　机工官博:weibo.com/cmp1952
　　　　　　　(010)88379203　教育服务网:www.cmpedu.com
封面无防伪标均为盗版　　　金 书 网:www.golden-book.com

献给我的父母荷塞·刘易斯 与洛德丝——
我研究和灵感的无尽源泉。

译者序

反思　创新　引领

近十年来全球商学院教育都受到了不同程度的质疑和挑战，特别是每当有商界丑闻曝光时，人们总会将矛头指向商学院。与此同时，中国的管理教育在经历了高速发展后，诸多负面问题迭出，甚至有企业家对商学院存在的价值和管理教育的作用持否定态度，商学院被推到一个关键的十字路口。

问题到底出在哪里？我一直也在思考和探寻问题的答案。在这过程中，我们有幸与著名管理大师亨利·明茨伯格（Henry Mintzberg）教授合作，在他的指导和帮助下，人大商学院创立了符合中国国情的CMPM项目（中国实践管理领袖教育）。这个项目的设计理念是基于他对管理教育现状的批判和创立的IMPM项目（国际实践管理硕士）的运营经验，我们通过汲取他的先进教学理念和方法，极大地促进了我们学院教学项目的改革，受到了中国管理教育市场的好评和肯定。

同时，一直困扰我的是目前对于管理教育改革总结的书籍匮乏，迫切需要一些总结和提炼全球管理教育改革的最佳实践来指导我们。Santiago教授是现任IE大学的校长和AACSB（国际高等商学院协会）主席，也是我的博士导师，他对全球管理教育的见解给我留下很深的印象和启发。特别是IE商学院极富创新和变革的精神以及在短短30年时间里跃升为全球顶尖商学院的经验，让我受益匪浅。本书是他根据自己多年以来在商学教育和企业培训领域积累的丰富经验，以及与众多业界人士的对话和交流总结写成，从独特的视角探讨了企业培训的办学经验和未来发展趋势，提倡在培训时充分结合新兴技术，结合艺术、历史等人文知识，培养具备出色综合管理能力、兼容并蓄的世界级管理者。

我愿意把这本书推荐给国内同行，希望中国的商学院和企业大学不断进步，在学习、沉淀的基础上实现新的创新和突破，为全球管理教育提供中国方案和智慧，引领全球管理教育改革和发展。

邹宇峰
中国人民大学商学院院长助理
EMBA、EE（高管培训）中心主任
中国国有企业改革与发展研究中心秘书长

2018 年 4 月于中国人民大学

序

领导者培养的未来

21世纪的企业正面临着前所未有的挑战,需要新型的领导方式。这种需求来自于一些新出现的颠覆性的现实:

- 我们生活在一个呈指数式变化的VUCA⊖世界里。这个缩写词最初由美军创造,用以描述适用于所有组织的21世纪竞争的新特质——易变性、不确定性、复杂性以及模糊性。

- 随着颠覆性技术的迅速崛起,各企业及其基础业务模式也在快速变化。

- 由于技术和自动化的不断加强,工作场所自动化使工作的本质发生了改变。

- 世界500强企业的平均寿命在1935年为90年;到了1975年,平均寿命缩短到了30年,到了2011年,世界500强企业的平均寿命为18年。这个寿命还在继续缩短(首席执行官和其他高层领导人的任期也在不断缩短)。

企业要想在VUCA世界生存,必须不断改革和创新。经理人要在引导企业良性发展和构建目标明确的、可持续发展的企业发挥重要作用。但是,企业管理者是否做好了在新的、不可预测的环境中取得成功的准备,目前还不清楚。

⊖ VUCA:Volatile、Uncertain、Complex 和 Ambiguous 的缩写。

首席执行官们认为,培养能应对这些挑战的领导人才,是当前最紧迫的问题之一。如2015年6月《HBR》发表的一文所述,"要在制定战略之前找好合适的人""首席执行官们明白他们要依靠企业人力资源来获得成功""企业不能创造价值,而人却可以"。麦肯锡研究证实了这种观点并发现90%以上的首席执行官已计划增加对领导力培养的投资,因为他们视其为企业面临的最重要的人力资本问题[1]。麦肯锡的前期研究表明,这种投资完全正确,因为良好的领导力是组织健康发展的基础,是股东回报的重要推动力。[2]

但有几个主要问题:

(1) 目前所使用的领导力培养方法能培养出企业最需要的领导能力吗?

(2) 获得新的能力并将其成功运用到工作中的最佳方法是什么呢?

(3) 我们如何利用所有可能获取领导力的机会和方法呢?

(4) 我们能衡量领导培养的投资—回报比吗?

VUCA 世界最需要的领导能力

过去,你可以依靠经验指导工作,但今天的世界不同了,风险很高,面临的挑战和问题在快速变化。在研究人员和思想领袖中,有一些共识:领导人最需要具备的特质包括办事可靠、鼓舞人心、激情四射、灵活应变、处变不惊、善于合作、乐观向上、博学多识、为人谦逊和注重身心健康。

通过对81个全球不同组织的189 000人的普查[3],麦肯锡的研究将所需的领导力行为浓缩为四种必备的领导力行为,包括:

- *有效地解决问题*——这比做决策更重要。如果问题解决得不好,决策的结果就会受到影响。

- 强大的结果导向型操作——紧遵目标愿景去执行。
- 寻求不同观点——密切关注内外部趋势,向其他人征询意见,区分重要问题和不重要的问题。
- 对他人的表现给予支持——建立信任并帮助同事战胜困难。

获得并保持领导者的新思维有一个关键点。为了满足快速变化的需求、让清晰的头脑和积极的行动保持同步,领导者不能忽略运动、用心思考和自我反省、良好的营养以及充足睡眠的重要性。研究表明,缺乏睡眠的大脑不能做出准确的判断。神经系统科学家了解到,虽然其他脑功能区能在睡眠很少的情况下运行良好,但前额叶皮层(所有高级认知能力的所在,如解决问题的能力、推理能力、组织能力、规划能力和执行计划的能力)却不能。[4]这意味着,现在或将来要做卓越的领导者,必须注意保持身体健康。

获得新的能力并将其成功运用到工作中的最佳方法

鉴于公司对领导者的要求发生了巨大且仍在不断演变的变化,再采用传统方法寻求发展是不可能的了。很多公司也认识到了这点。仅有7%的公司认为其有效地培养了全球化领导者,只有34%的知识培养能在领导的工作表现中起到作用。一次性面对面的学习课程不足以解决这些问题。因此,新一代领导力培养项目,要遵循针对关键培养目标的设计原则。

立足于商业环境并且反映现实情况

第一,必须采用将学习与世界商业领导力挑战相结合的方式,在日常商业环境中进行实践学习。第二,学习必须是针对计划范围内的组织和个人,通过学习,人们可以解决实际的业务问题并继续管理其职责范围内的项目,并且将获得的知识和技能运用到工作中。第三,领导者培养不能局限于技能层面——必须识别并定义所需的关键行为变化，并了解有哪些障碍因素（如潜在的思维模式和根深蒂固的观点），以促使人们改变其工作中的行为方式。

循证学习实践

专业的学习设计源自不同学科，包括神经系统科学、心理学和教育学。循证学习方法表明，成人在以下几种情况时学习效果最好：在有内驱力和承担责任的情况下；在稍有危机感的情况下；在其行为和经验受到挑战时；参与正式培训和在职培训时；向榜样、专家以及同龄人学习时；在得到教练或导师的及时、有效鼓励的情况下。[5]

混合式学习

大多数有效的领导力学习都综合了许多不同的学习干预措施和解决方案。例如，可通过利益相关方采访和补充性（在线）诊断的方式进行学习；为参与者分配有意义的准备工作；他们在教室里可以学习使用工具并培养技能；利用新技能将真实项目作为现场工作的组成部分；还能利用数值化工具持续反映和追踪工作进展。有了这样丰富的经验，参与者可以通过数字平台按自己的进度定期进行课程培训，和老师、同学一起培训，并与全球范围内的同行协作。

个体化培训历程

每个人都有独特的发展需求和学习偏好。大多数有效的培训课程都能由领导者为自己定制，以便促进他/她的发展。个体化发展历程包括效仿领导者、分配特别工作任务、指导、开展按需学习计划、在职绩效支持、数字化学习模块、领导者教学实践、小组活动、现场研讨会，以及正式的教学课程。

数字化学习

数字化学习的解决方案，如视频、企业的大量网上公开课（MOOC）、网络评估、在线模拟和网络游戏、在线性能辅助工具、电子辅导系统、在线交流、虚拟教室、网络研讨会，都是领导者培养课程的关键组成部分，并可以让领导者随时随地在不同设备上按需学习以上课程。另外，也可以将数字化学习运用到工作中。

组织推动

任何组织中，企业支持和实施领导者培养计划，参与者积极响应并对新领导力行为进行奖励，是非常重要的。

许多领导者告诉我们，不是所有的工作都能让人学到东西。白天，领导人通常会特别忙碌，很多人因为太忙而没有时间学习。因此，他们分外珍惜工作时间以外的时间，在这段时间里，他们可以与自己对话，通过反省自己的行为，获得新的深刻认识，向他人学习并在新环境中锻炼自己的新技能。如上所述，不能用一个标准衡量所有人：领导力学习必须采用不同的学习方法，以便掌握真正的领导力。

衡量领导者培养的投资收益率（ROI）

对于我们的最后一个问题，领导培训可带来的可量化的投资收益有：

- 优秀的领导团队可以为企业带来丰厚的利润，按税息折旧及摊销前利润（简称 EBITDA）计，领导能力强的领导人的绩效，几乎是其他领导人的 2 倍。[6]

- 组织机构在出现重大变革时，对领导者才能的开发投资是其所需达到的绩效目标的 2.4 倍。[7]

本书的重要性

就个人而言，我发现阅读此书并从中获取知识使我获益匪浅。

圣地亚哥·伊尼格斯·德翁左诺是 IE 商学院的院长兼任 IE 大学的校长，他给出了他职业生涯中信奉的理论，使我们有机会学习到他作为世界领导者的更多经验。书中从人文学科、哲学、历史和文学方面分享了先进观点，他的有关领导者发展阶段论，对新合作伙伴关系和学校以外的行业描述，如为组织机构设计和提供定制解决方案，以及他对挑战的深刻见解与不断攀登事业高峰所能获得回报的概述部分是很精绝伦的。

领导者在为未知的将来做准备时，所需最重要的技能包括提出适当问题、思考、反映和决定。领导力学习之旅会从包括哲学在内的多个广泛学科中获得好处，因为学习哲学的领导者会利用当今世界极其宝贵的深刻见解并为将来所用。

这本优秀的书对涉及领导力培养的人有很大帮助，可以帮助他们剖析世界领导者，明了领导力培养在当今世界的重要性，获得对新知识与发展实践的深刻见解，探索学习技术在将来可起到的更加重要的作用。

尼克·范·达姆博士
美国纽约麦肯锡公司全球首席学习办公室合伙人
荷兰布勒克伦奈耶诺德商业大学企业学习＆发展　教授
荷兰希尔弗瑟姆儿童远程教育基础课程创始人＆主席

前 言

持续学习和经理人培训在高管教育中是非常吸引人的,预计也是未来几年里发展最快的培训项目。自 2011 年底《学习曲线》一书出版后,商学院对于如何重新定义管理教育的作用越来越大。新技术、新增商学院以及全球化影响都是促进经理人培训需求增长的动力,总的来说,企业培训和商学教育成了目前高管教育中最具活力的组成部分。

考虑到这点,我决定开始本书的写作,除了提供对目前快速变化的经理人教育领域的分析外,还提出了企业在推进改革并保持其自身优势时吸引、发展并留住人才所需的成功战略,简而言之,就是如何成为"世界级管理者"。

我们生活在所有组织机构都迫切需要新形式领导力的时代,我所说的"世界级管理者"是具有高度竞争力的专业人士,他们具有创业素质,敢于承担社会责任,具有领导力和跨文化技能。

知识经济中最有价值的资产就是人力资源。将来,企业在人力资本优化方面的竞争会越来越激烈。商学院提供的经理人教育与培训将会起到关键作用。

世界人口的变化以及退休年龄延长意味着,将来教育产品的大多数客户会是高级管理人员,而不是所谓的千禧一代。将来面临的主要挑战将是如何使这些年长的、经验丰富的管理人员保持持续更新的竞争力和创造力。

这意味着商学院和经理人教育中心必须真正具有企业内部教育课程转型的经验。这一趋势至少已对以下三个方面造成了影响：学习方法；教授或导师的作用；以及用于测量参与者满意度和学习对于个人及组织机构发展影响的评估体系。

今天，几乎没有人会怀疑ICT、MOOC和其他相关措施对学习流程造成的影响。调查结果表明，即便在企业大学内，技术支持的学习活动也已蓬勃发展起来。有了新技术的支持，商学院和企业完成任务的方法也变得越来越多。

与此同时，全球化正进一步影响着经理人培训。极少数的企业在国际范围内具备继续发展和开展培训活动的资源、知识以及与国外机构联盟的战略。有不同的策略可供应对全球化挑战，从传统的合营企业到新的多维战略联盟，这种战略联盟更开放，不受时间限制，汇聚了竞争对手在合作计划中联合的力量。在过去的五年里，企业与教育供应商的国际合作关系的演变也令人印象深刻。

本书还解决了企业内部和董事会不断变化的需求，不仅反映了改变工作环境的需求，还反映了改变社会环境中更大变化的需求。

简而言之，在过去五年里，我的经验总结是，企业及其高层管理人员迫切想要找到更适于经理人培训的史无前例的、更全面的方法。用这种方法来解决相关组织机构的实际发展需求的问题。

培养世界级管理者是一项尚未完成的工作。在二十出头时读完大学后学习工商管理学硕士课程，然后只专注于攀登事业高峰的那段日子早就一去不复返了。如上所说，现在我们会将工作融入生活，而二三十年前，我们刚开始工作时，可能未想过这些事情。在整个工作生涯中，我们会有不同的员工，甚至可能需要转战到其他领域工作。这就要求我们在整个职业生涯中保持持续学习。反过来，企业和机构也需要为经理人提供更开阔、更具平衡世界观的培训，我认为这种世界观是人文学科的重要组成部分，如艺术、历史甚至哲学。

本书还研究了如何使企业循序渐进地成为员工的教育中心，以及知识管理如何与企业人才培训产生直接联系。

本书的宗旨不仅是详细描述企业内部培训部门、企业大学、商学院的经验，还预测了未来经理人培训、商务教育和商学教育的一般趋势。我分享了过去三十年作为教育管理者的直接经验，以及未来商学教育和企业内部培训的愿景。

本书由两部分构成，总计13章，每章都可以单独阅读。第1部分中，第1章至第7章讲述了经理人教育的现状，面临的机遇和挑战，以及该领域内出现的新机构。我特别考虑到了新技术对教学方法的影响（第4章），以及我们为了找到评估学习效果的方法而做出的努力（第5章）。本书还考虑到了管理的多样性给企业造成的影响（第7章）。第2部分着眼于将人文学科引入经理人培训的好处，解释世界级管理者的理念以及本书的中心思想。本书中的许多内容都来自我去年发表的有关这两个主题的文章，其中有部分文章发布在领英⊖上。文章中有对文学、哲学和艺术的多种引用，这也源于我坚信应该将业务学习与人文学科相结合的理念。

希望读者能理解书中之意，有所收益，并且能够将书中的核心要点与本文所述的重要参与者——经理人们进行有一定深度的思想交流。

⊖ 领英：LinkIn，是一个职场社交平台。

致　谢

在过去的 25 年里，我有幸向经理人和企业家教授管理学。这样的经历让我深信，无论从个人还是行业角度，从事教育行业获得的满足感是其他行业无法匹敌的。

学校是一个特殊机构，需要采用特殊的方法才能圆满完成任务。这项任务在提供终生学习机会的同时，还能使工作有趣并具有挑战性。对我个人而言，能够参与 IE 商学院和 IE 大学的管理工作，我感到非常幸运，我很感激这两所人才济济的顶尖学府给我这样的机会。

能与我亦师亦友的、IE 商学院的创始人和校长迪亚戈·阿尔卡萨·斯维拉一起共事，我感到感激且荣幸。这些年来，他教给我的东西多到难以言表，他不断将我最好的一面引导出来，使我成为更好的管理者。迪亚戈是天生的企业家，拥有过人的智慧，他具有战略眼光，且不断努力，使自己变得更优秀。在写这本书的过程中，我与迪亚戈讨论了许多想法，回顾本书的编写过程，说他是本书精神上的作者一点都不为过。

我还要感谢 IE 商学院董事会同事的通力合作，他们是：Salvador Carmona，IE 大学的名誉校长、重要的旅伴以及过去二十五年里我们奇妙旅途上的朋友；Diego del Alcázar Benjumea，IE 的副校长，继承了其父亲的领导能力；Alfonso Martínez de Irujo，IE 经理人教育的董事长；Juan José Güemes，财务副总；Macarena Rosado，总顾问；Gonzalo Garland，负责对外关系的副总。

我们由亲密伙伴组成的团队对 IE 大学的成功起到了重要的推动作用，我也很感激他们的参与，使此书能得以出版。我要特别感谢：Martin Boehm，项目主任；Arantza de Areilza，IE 国际关系学院院长；Javier de Cendra，IE 法学院院长；Martha Thorne，IE 建筑与设计学院院长；Lee Newman，IE 人文科学与技术学院院长；Joaquín Garralda，学术事务主任；Antonio de Castro，IE 大学的副校长。我还要谢谢 IE 管理委员会的其他同事：Nancy Cueto、Sonsoles Gil de Antuñano、Jorge Graña、Rafael Puyol、Miguel Sagüés 和 Joaquin Uribarri。

我写作本书时首先想到的是，FT丨IE 企业学习联盟（CLA），它是 IE 商学院近期开展的最激动人心的活动之一，是一个致力于为公司设计和进行定制项目的全球领先联盟。我要特别感谢这些人，他们是：Tas Viglatzis，企业学习联盟（CLA）主席，我与他共同举行了合资企业的大多数谈判；Vandyck Silveira，FT丨IE 企业学习联盟（CLA）的首席执行官；Antonio Montes，首席公关官；Abbas Hassan 和 Mark Thivessen；以及委员会的同事 Angela MacKay 和 James Lamont。尤其是 John Ridding，金融时报集团首席执行官，他在创建 IE 商学院与《金融时报》的合营企业中起到至关重要的作用，对此表示深深地谢意。

涉足几个商学院的网络教学的经验进一步加深了我对经理人教育和发展管理技能的理解。特别是担任 AACSB 主席这段时间是我一生中最特别的时刻。我感谢以下诸位的支持、洞见和友谊，他们是：Linda Livingstone 和 Bill Glick，我的两个联合主席；Tom Robinson，AACSB 的首席执行官；John Martinez，前首席执行官；以及副主席 Dan Le Clair 和 Bob Reid。我还要感谢 Christine Clements、Pat Moser、Neil Bosland、Kaya Jill、Julianne Iannarelli、Jennifer McIntosh、Tim Mescon、Al Renshaw、Debra Wise、Michael Wiemer、Tricia Bisoux 和 Brandy Whited，以及其他 AACSB

的高度专业的同事们。

同时，我想借此机会感谢我所有在 EFMD 的朋友，他们教会了我许多职业生涯中一直受用的知识，特别是 EFMD 的总经理和首席执行官 Eric Cornuel，以及 Helke Carvalho Hernandes 与 Matthew Wood。特别要感谢 Gordon Shenton 和 Richard Straub 给予的宝贵意见，我已将这些宝贵意见用在本书的写作中。

我与 Della Bradshaw、John Byrne、Federico Castellanos、Laurent Choain、Stuart Crainer、Des Dearlove、Eiso Kant、Peter Lorange、Kai Peters、Nancy Petrillo、Dominique Turpin 和 Dick Van Dam 的面谈是获取重要信息和比较不同观点的宝贵经历：非常感谢你们所做的一切。

我特别感谢帕尔格雷夫麦克米伦出版社商用客户业务的发行人 Stephen Partridge，在他的帮助下，才有了我们的最新项目。我还要感谢 Jose Félix Valdivieso 领导的 IE 通信小组成员。这些年来，他们一直支持着我，找出并整理了我在公开演讲中所表达的想法和信息。谢谢 Maite Brualla、Igor Galo、Geoffroy Gerard、Kerry Parke、Yolanda Regodón、Juncal Sánchez Mendieta 和 Verónica Urbiola 以及 CLA 的 David Wells。

我还要感谢 Bryan O'Loughlin、Juan Ramón Zamorano 和 Igone Jayo，他们帮我收集资料、安排面谈并整理了这份手稿。

最后非常重要的是，我要特别感谢 Nick Lyne，他在过去的两年时间里帮助编辑了本书并负责了文章的润色工作。

目 录

译者序
序
前言
致谢
作者简介

第 1 部分　公司内部的经理人教育与发展

第 1 章　人力资源管理与领导者培养 // 003
1.1　快乐的日子又来临了吗？// 003
1.2　人力资源管理将成为最高管理层的热门入场券 // 005
1.3　成功企业乐于改变 // 007
1.4　新型领导者的出现：世界级管理者 // 010
1.5　领导力素质 // 011
1.6　管理指的是领导他人 // 014
1.7　经理人教育有用吗——与凯·彼得斯的对话 // 015

第 2 章　详探高管培训项目 // 019
2.1　经理人教育提供者的价值主张 // 019
2.2　我们需要在经理人教育方面进行哥白尼式革命吗？// 021
2.3　新事物诞生：FT | IE 公司学习联盟 // 025
2.4　组织知识：公司最有价值的资产 // 031

第 3 章　管理者的职业生涯 // 036
3.1　千禧年一代的精神 // 036
3.2　职业生涯早期阶段 // 037
3.3　职业生涯中期：危机时期？// 041
3.4　规划下半生的职业生涯 // 045

第4章　技术与学习相结合// 051
　4.1　思维方式转变// 051
　4.2　混合式学习的相对优势// 054
　4.3　内容仍然是主要方面吗？// 056
　4.4　教师的角色仍是关键// 057
　4.5　机器人来了// 059
　4.6　认真对待大型开放式网络课程// 066

第5章　衡量高管培训的成效// 071
　5.1　寻找经理人教育的投资收益率（ROI）// 071
　5.2　评估教育对个人的影响// 072
　5.3　从个人评估到企业绩效// 076
　5.4　评估企业学习单元的绩效// 078
　5.5　企业学习认证体系：企业学习改进流程（CLIP）// 079
　5.6　公开课程的未来：瑞士洛桑国际管理学院（IMD）// 082

第6章　吸引、培养并留住人才// 086
　6.1　在线招聘革命// 086
　6.2　应试者的《魔兽世界》技能如何反映出应试者是否适合某职位？// 090
　6.3　提供负面反馈的技巧// 095

第7章　兼容并蓄——挑战与机遇//101
　7.1　包容多样性可提升领导技能//101
　7.2　多样性政策//104
　7.3　真正的多样性是将世界观各异的人士聚集在一起//108
　7.4　管理多样性是一个永久进化过程//111

第2部分
培养世界级管理者

第8章 创建学习社区//120
  8.1 为何友谊在工作中发挥巨大作用//120
  8.2 在工作上结交朋友时,听取亚里士多德的建议//125
  8.3 企业朋友圈:一种矛盾修辞法?//129
  8.4 企业大学:玛泽案例//133

第9章 管理与人文//139
  9.1 不要打击人文学科//139
  9.2 雅趣和管理技巧//141
  9.3 战略意图和《白鲸》//143
  9.4 李尔王给我们的关于家族企业的启示//145
  9.5 通过冥想获得平衡//149
  9.6 养成放眼世界的态度//151
  9.7 如何成为一个优秀的经理人:理想主义还是实用主义?//153

第10章 创造良好的学习氛围//157
  10.1 团队合作的价值是否被高估?//157
  10.2 培养企业家思维//161
  10.3 导师和赞助人//165
  10.4 IBM辅导项目//168

第11章 培养管理能力//173
  11.1 领导才能和管理训练//173
  11.2 风度也好,庄严也罢:做你自己//175
  11.3 着眼未来:增加你的同理心//179
  11.4 管理中的理智与情感//183
  11.5 在社交方面锻炼自己//185
  11.6 减少工作压力的有效技巧//187

第12章 人才管理与企业可持续发展//190
  12.1 公司应该多透明?//190
  12.2 写好自己的个人故事//195
  12.3 退休是否仍然是个选择?//198
  12.4 美好人生//202

第13章 结语:人间天堂与工作中的满足感//208

作者简介

Santiago Iñiguez de Onzoño 曾担任 IE 商学院的院长，目前担任 IE 大学的校长。他拥有法学学位，伦理学、法学（西班牙马德里康普顿斯大学）博士学位和 IE 商学院的工商管理学硕士学位。作为管理顾问，Iñiguez 对商学院和高等教育的质量控制和发展起到了积极的作用。他是 AACSB 的前任主席，兼任中国人民大学商学院、上海交通大学安泰管理学院、秘鲁天主教大学、法国马赛大学、俄罗斯联邦政府国民经济与国家行政学院和巴西圣保罗商业管理学院的顾问委员会理事。他被《金融时报》称为"将欧洲商学院推向国际的重要人物之一"。

作为 IE 商学院的战略管理学教授，他之前出版的《学习曲线：商学院如何引领高等教育》一书也已由帕尔格雷夫麦克米伦出版社出版，书中主要分享的是商学教育的变化。Iñiguez 作为国际会议的定期演讲者，是领英全球影响者（LinkedIn Global Influencer）以及高等教育与经理人培训类期刊和媒体的定期撰稿人。

注释

1. *The State of Human Capital* 2012—*False Summit*: *Why the Human Capital Function Still Has Far to Go*, a joint report from The Conference Board and McKinsey, October 2012, on mckinsey.com.
2. See Aaron De Smet, Bill Schaninger, and Matthew Smith, "The Hidden Value of Organizational Health—And How to Capture It," *McKinsey Quarterly*, April 2014, on mckinsey.com.
3. Claudio Feser, Fernanda Mayol, and Ramesh Srinivasan, "Decoding Leadership: What Really Matters," *McKinsey Quarterly*, January 2015. The 81 organizations are diverse in geography (for instance, Asia, Europe, Latin America, and North America), industry (agriculture, consulting, energy, government, insurance, mining, and real estate), and size (from about 7,500 employees to 300,000), on mckinsey.com.
4. Nick van Dam and Els van der Helm, "The Organizational Cost of Insufficient Sleep," *McKinsey Quarterly*, January 2016 + Eileen Rogers and Nick van Dam, "YOU! The Positive Force in Change," LULU publishing, 2015.
5. Claus Benkert, Nick van Dam, "Experiential Learning: What's Missing in Most Change Programs," McKinsey Operations 2015, on mckinsey.com.
6. Organizational Health Index database (n = 60,000); "Return on Leadership" report by Egon Zehnder Intl and McKinsey.
7. McKinsey Quarterly Transformational Change survey, January 2010; June 2009 McKinsey Global survey results.

第 1 部分

公司内部的经理人教育与发展

有效培养
卓越管理者是这样炼成的

第 1 章

人力资源管理与领导者培养

1.1 快乐的日子又来临了吗?

经理人教育经历了多年停滞之后再次获得了发展动力。2007 年爆发金融危机时,公司不愿意支付员工参加经理人培训课程和本科学士学位课程的费用,包括 MBA 的专业教育投入。然而所有股东都吸取到了教训,知道了在金融危机时期或经济增长时期,人才是主要的竞争优势。人才作为主要竞争优势的认识使得定制培训经理人的课程需求稳定,使得商学院有更多的机会接触目标人群:商务人士。实际上,一些商学院正努力与新商业客户保持联系,客户们需要学习从领导力到大数据的全部课程。这种需求的增长正逐渐扩展到了新领域。除了欧洲和美国以前有威望的学校和经理人教育供应商外,其他参与机构也越来越多。新领域正在将经理人教育业务推向一个新的高度。例如,许多经理人培训机构向亚洲拓展客户,尤其是印度、印度尼西亚以及马来西亚正需要更多的经理人课程。亚洲国家的公司相对缺乏管理经验,因此这些公司更愿意购买来自欧洲或美国名校的经理人课程。这种现象也带动了亚洲商学院开设经理人教育课程。尽管亚洲已经引入了大量人才,但还是不能完全满足亚洲的一些公司所产生的巨大需求。[1]

企业培训活动的数量是衡量企业经济业务好坏的可靠指标:当公司经济放缓,通常会削减培训开支,而当公司业务量增加时,对新员工、销售人员和领导者的培训机会就会增加。2009 年，国际高级管理教育培训大学联盟（UNICON）公布其年度会员调查[2]的结果，这些会员包括来自全世界的近 100 所教育机构。调查结果显示，这个行业自全球经济放缓后开始反弹，预计在世界范围内经理人教育供应商会越来越多。这些调查对象中，有 82% 在 2011 – 2012 年经历了营收增长，49% 的学校报告营收增长率超过 10%。此外，94% 的经理人教育供应商希望其收入在 2012 – 2013 年会增加。

美国用于企业培训的开支在 2014 年（是七年中增长率最高的一年）增长了 15%，美国的开支增长超过 700 亿美元，世界范围内的开支增长超过 1300 亿美元。在企业培训开支快速增加（从 2011 年的 10% 增加至 2012 年的 12%）的两年后企业显示已经从经济衰退中恢复，但企业也随之看到了管理技能亟须更新的事实。

另一方面，企业内部和外部的商务教育和培训一直是高等教育最具活力的组成部分，工商管理学硕士学位仍然是研究生最想要的学位。

这些现象证实了人力资源管理和经理人发展的复兴。

图 1-1 展示了管理方面不同层次的高等教育和持续教育以及目前商学院和其他教育机构提供的一些课程范例。

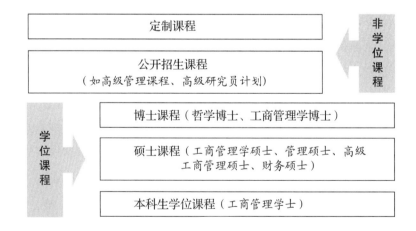

图 1-1　商业教育：高等教育和继续教育的层次

1.2 人力资源管理将成为最高管理层的热门入场券

人员、人力资源、人力资本和人才：在过去几十年管理知识的发展中，不同的术语被用来描述形成组织的不同成员。鉴于人在推动创新和实现目标方面发挥的决定性作用，未来我们可能会使用更为复杂的术语。

同时，企业中负责人事管理的职称也发生了变化。以前被称为人事经理，然后是人力资源经理，然后是人力资本经理，之后产生了首席人才官以及企业大学校长。

说人力资源经理及其部门在公司中历来都微不足道大概也不算过分。人力资源经理的薪水普遍低于其他经理，他们与CEO的会面不频繁，而且他们在制定战略决策时几乎没有发言权。另外，通常来说，如晋升、出色地完成工作后的祝贺、奖金、涨薪等为提高员工积极性或忠诚度而告知员工好消息的人也通常是各部门的主管。

彼得·卡佩里表示，批评人士指责人力资源经理过于关注"行政"，"缺乏远见和战略眼光"。另外的说法是，根据经济循环他们的形象出现兴衰变化："当经济衰退、劳动力市场不活跃时，他们把人力资源看作麻烦。但是，当劳动力收紧时，观点随之而变，人力资源实践对企业快速发展取得成功必不可少。"[3]

无论随后的叫法如何改变，人力资源部门是未来人才培养的主要机构，其任务是与培训和教育直接相关的。识别人才，提高能力，培养人力管理的技能和美德，评估进展，确定薪资和报酬，若将这些因素考虑在内，这些会是未来几年人力资源主管关注的重点。正如鲍勃·奥黛丽的解释[4]，这意味着人力资源主管将开展与他们目前负责的工作完全不同的活动，成为专门从事管理教育的新机构。

未来几年，组织管理将受到一系列日益强烈的趋势影响：

与人员和部门的管理有关的活动将更加多元化

许多企业设有专门部门专注管理人才、培养人才、管理组织知识、运营企业大学等。这些部门和活动如何整合与协调将取决于每个企业的独特战略。企业或因处在增长期、多元化，或因正处在巩固和寻求协同效应的阶段而不定期地集中或分散这些活动。

人们会越来越意识到人力资源管理至关重要

这显然将成为经营企业的重要部分。例如，事实上高层领导中总能看到人力资源副总裁的身影，他们的专业资历更加成熟老练，薪酬通常跟其他高级管理人员一致。同时，他们在董事会会议或高管成员间也花更多的时间参与分析和决策人事相关的问题。

人力资源与企业战略的联系

鉴于人力资源的重要性，当前在制定尤其是实施企业战略时，通常需要人力资源主管与 CEO 或 CFO 一起积极参与。而在过去，这样的事是绝无仅有的，那时人力资源主管本质上只是被动地执行董事会的决议。

在管理人力资源和与人员相关的各种不同流程中，ICT（信息通信技术）的密集使用

大部分达到一定规模的企业使用标准或应用平台作为人才选拔和评估过程的一部分。越来越多的企业开始使用社交网络来寻找新人才。创建内部群体用以沟通和讨论企业的知识或如何合并业务部门。与此同时，发展和培训主管逐渐受到在线教育平台的支持。在我看来，技术和管理过程的融合会提高人才培训的效果且更符合个性化培训的需求。

高级教育课程和内外部培训的兴起

教育被视为更新知识、发展领导技能、使得组织更加紧密、传播企业关键文化的最有效工具。管理培训课程越来越强调领导力、团队管理、管理组织变革，这与强调供应链管理等硬能力的传统相反。

管理多元化和包容性是推动创新至关重要的两项企业政策

这在未来将呈现相关性，因为来自不同年代的董事和员工被纳入员工队伍，特别是所谓的高层次人才、年龄在55岁以上的经理人。

CEO在管理人员方面的作用日益增强

以我的经验，占比最重的因素之一是CEO花费在人才管理上的时间和精力。这也可能是制定企业战略，对话关键利益相关方最有意义的部分。我们也期望看到更多的人力资源主管被擢升成为CEO。

整合技术和人力资源管理

由于科学技术的飞速发展，组织中人力资源的强大也需要相关领域知识的更新，如认知心理学、神经系统科学、行为经济学。未来人力资源管理的成功，将在很大程度上取决于如何将这些学科的内容纳入企业的学习活动中。

人力资源正被引向一个令人关注的方向，未来几年它可能被证明是最具创新力的管理学领域之一。因此，它将不断地吸引来自不同背景的企业与创新人才。

1.3　成功企业乐于改变

企业和人力资源部门乐于接受新商务环境要求的变革吗？

唐克雷迪大量引用 Giuseppe Lampedusa 所著的《猎豹》中，对他的叔父 Don Fabrizio 说的"若我们想要事物保持不变，那么一切都必须改变"，敦促这位老人若还想保持他的财产和政治影响力，就接受复兴运动（19世纪末由 Garibaldi 领导的意大利复兴运动）。Don Fabrizio 是位显赫的西西里血统的老贵族，Salina 的王子，一位坚持传统的典型人物，有着高高在上却又颓废的作风。他带着蔑视和超然的态度看着新资产阶级的兴起。他甚至拒绝了进入新参议院的邀请。

唐克雷迪也是一位贵族，但不像他叔父那般富有。唐克雷迪渴望攀登新的社会等级，乐于接受新制度。他甚至要和王子的女儿 Concetta 退婚，转而同年轻貌美的、镇长的财产继承人 Angelica 结婚。而镇长是累积了大量财富的新贵，也是领导这个地方的政府官员。

唐克雷迪的意见经常被引用来说明政府或管理者的改革，也是迫于环境为维持现状而可能实施的改革。事实上，"lampedusians" 或 "gattopards" 有时会被用于政治学，用以描述那些流于表面变革的政客。

实际上，人一般是安于习惯和惯例，不愿做出改变的，尤其是年长之人。正如 Mark Ghiasy 所说："对一些人而言，变化始终伴随不确定性，恐惧由此而来。"[6]同样的道理也适用于企业和企业管理者。随着公司发展成为大型企业集团，内外的利益相关方都难以放弃各自的强烈身份认同感，他们通过在企业文化中嵌入价值观和惯例来巩固他们庞大的基业。因而，重要结构变化或深层转型往往被认为是怀疑论或缺乏自信的表现。

即便如此，新兴产业参与者和他们新的竞争方式能促使大型企业改变，使其以一种新的、更动感的节奏跳舞。变革管理的资深人士 Rosabeth Moss Kanter 在其 1989 年出版的《当巨人学跳舞》[7]一书中就此现象明确谈到："若想在竞争日益激烈和迅速变化的世界上生存，现今的企业大象必须学会像老鼠一样机敏迅速地跳舞。"她的分析集中体现在许多企业案例身上，比如 IBM，在引领不同的产业领域的同时却把全球支配地位移交给了微软这样的新玩家。她将企业隐喻为笨拙的大象，这也可适用于现在的企业巨头身上，这些曾是创新者、分裂者、品类杀手的企业巨头们如今面对的是新的更敏捷的竞争对手。例如，联想，中国个人电脑和移动设备的龙头企业，计划超越苹果和三星。"在若干方面，联想可能已经超越了一些西方跨国公司。"[8]

毫无疑问，大型企业面对的主要挑战之一是如何保持内部变革持久进行，以及如何激发企业创新。采取以上提过的 Lampedusians 式变革是一种危险的行为，而这种变革常被大型企业的 CEO 随意地采用，为的是产生一种转型适应新环境的外部印象，却避开了真正的内部变革。这种表面变革可能包括新的企业 LOGO 或企业形象、对战略任务和价值陈述无关紧要的改变、转变成另一种法律地位，或是更新组织结构但保留早前的功能和角色分配。

有时，Lampedusians 式变革会发生在高级管理层重组时。新任 CEO 通常想强化新的管理方式，打破与企业旧惯例的联系。他们热衷于采用新的口号或警句，开除象征着过去的资深经理，并促进更新策略，推出新产品和服务，或开拓新市场。这些究竟是 Lampedusians 式变革还是前往新方向的实际行动，只能交由时间来评判。人们普遍认为，新任 CEO 上任的前 90 天是预测其管理风格和洞察力的关键时期。然而，在企业和社会中，真正的变革只有在较长的时期，往往是多年后才能充分体现。

我不是反对 Lampedusians 式变革。有时，机会主义和无实质影响又快速有效的生产便于在大公司运用。事实上，在大公司进行彻底改革总是不太可能或不太合适的，大公司只得多次将变革和巩固制度化交替进行。同时，经验也表明，长远来说，在许多情况下，做一个追随者比做一个先驱者更有利可图。追随者不必像先驱者那样，经历那么多试错，花费那么多创新成本。生产 X 射线扫描仪、健怡可乐、数码相机或普通纸复印机的行业表明，追随型公司能随着时间的推移占据市场主导地位，甚至迫使原创型领军公司退场。

当一家公司发现自己处于动荡的时代，我认为最好成为唐克雷迪而非 Don Fabrizio。不愿变革是经理人最差的态度之一。不愿变革的态度只能允许财务经理或法律顾问保有，因其职责是评估风险，尽管也并非总是如此。记住，变革带来不确定性，也就意味着更大的风险。[9]

不是大象不能学会围着舞厅走。IBM 的前首席执行官路易斯·郭士纳在 2003 年出版的《谁说大象不能跳舞?》一书中描述了一个过程。书中用图展现了他将蓝色巨人从硬件改革成服务型企业的过程。郭士纳使 IBM 免于破产，2002 年他退休之际，IBM 市值从 290 亿美元飙升到 1680 亿美元。[10]

1.4　新型领导者的出现：世界级管理者

或许，企业教育在使世界进步方面做出的最大贡献是产生负责任的、有原则的企业和经理。就像我告诉我们的商学院毕业生的一样，应对不良的国际政治的最好解药是良好的业务往来。

我在本书中提到的这种商业领导者正是我所说的世界级管理者，可以将其定义为负责的、有素质的、具有竞争力的国际人才。

企业责任感首先来自于管理者与其所管理的公司人员的相互作用和相互关系。与其他领域内的人类活动一样，领导者知道如何采用最佳的方法管理其团队和人员从而实现目标。但管理者还有其他责任，这些责任主要与公司所有者以及其他股东有关。由于公司在我们的社会里发挥着关键作用，所以当公司产生价值、进行招聘并且发展经济时，商业领导者还必须对整个社会负责。除了遵纪守法外，商业领导人不仅要对其国家的公众意见负责，还要对自己及公司在所在国的情况负责。

对全球范围内的许多公司进行研究表明，无论公司规模如何，都需要商业领导者具有全球性，目光长远，以包容心态理解世界，了解不同文化，尊重人类多样性以及各种文明的呈现方式。总之，世界级管理者必须通过培养加深对他人、人性、艺术以及生命科学的了解。有时候，人们认为随着年龄的增长，自己懂得就越来越多，在过了一定年纪后，就不再像年轻时候那样，花那么多时间学习新东西了。但是，我们要记得，真正睿智的人通常都有极强的探索新事物的好奇心。这种对人性和科学保持永久好奇心的态度，有助于将我们的企业发展推向更为成熟的阶段。

最后，世界级管理者也有竞争力，并且不断学习生存（私人生活和职业生涯）所需的技能和知识，从而对其专业领域有一个彻底的了解。让我们记住，我们生存在一个不断变化的世界里。活到老学到老，对创新之路、新商业知识的研究是世界级管理者的核心特征。

1.5 领导力素质

"将自己的精神灌输给其他人的艺术"是霍雷肖·纳尔逊的一个显著能力。霍雷肖·纳尔逊是一位富有传奇色彩的海军中将，也是英国人最喜欢的英雄人物之一，他的身上体现了领导力真谛，即可以对他人产生深刻的影响。

特里·科尔曼是当代撰写纳尔逊传记的作家之一。他看清了纳尔逊的品质，而某些品质是许多其他领导者也同样具有的："拥有堪比天才的脑力，经常表现得宽宏大量……经常与不安的家人、上级自在相处，经常表现得冷酷无情，永远无所畏惧。"[11]在纳尔逊的一生中，我们还可以了解到他的雄心勃勃、坚持不懈、把握时机和战略思想，这在他领导并赢得的海战中得以证实，特别是在其击败了拿破仑舰队的尼罗河和特拉法尔加战争中。他在工作中很"没有耐心"。事实上，领导者的共同点，包括在业务上的共同点就是，他们对工作和企业的热情及对其想法的快速执行力。

但是，跟所有的平凡人一样，纳尔逊也有明显的缺点。现代传记大多描述英雄的某一方面，从这一点来说，很少权威的传记能对其主人翁进行全面诠释，既包括其阳光的一面也包括其阴暗面，确实可惜。因为我们从领导者的错误和缺点中吸取的教训不会比从其成功之处中所学到的少。

回看纳尔逊的缺点，他爱慕虚荣、渴望认可。他还试图盗用别人的劳动成果，他思想守旧，世界观和社会观落后。当他与那不勒斯的贵族联盟时，他镇压并杀害了领导意大利南部短暂存在的共和国的反叛者，所以他还可能是个无情的暴君。

在 Susan Sontag 的历史小说《火山恋人》[12]中巧妙地重现了纳尔逊在那不勒斯西西里王国法庭上的经历，以及英国驻那不勒斯大使 Lord Hamilton、大使美丽动人的妻子 Emma 与纳尔逊（成为了 Emma 的情人，直到死在特拉法尔加）之间的声名狼藉的关系。当纳尔逊到达特拉法尔加时，他已经瘸了，并且一只眼睛已经瞎了。但是他仍然拥有伟大的人格魅力、卓越的领导能力。他甚至学会了如何用左手写信，让他得以给 Emma 写情书。

在他的职业生涯中，纳尔逊的个人领导才能通过他的叔叔（Maurice Suckling 舰长）以及之后海军上将 Hyde Parker 的师徒关系得以提升。在此，我们可能会认为，实行导师制或培训计划的公司在识别和培养青年才俊方面，会取得更好效果，能比缺乏类似项目的公司培养出更多的领导者。

与许多成功的领导者一样，纳尔逊也知道如何利用好运气。好的领导者懂得抓住机遇，主动寻找机会，即使这些机会超出了他们的能力范围。纳尔逊也是如此。他缺乏耐心，所以总是不断执行新任务，给新舰船下达命令。在之后的战斗中，他除了管理整个英国舰队，还至少在23艘不同的舰船上任职或对其进行指挥。

在1990年发表的具有重大影响的文章《领导者该做什么》[13]中，约翰·科特对领导者和管理者之间的显著区别进行了阐述。

管理指的是处理复杂问题、组织机构与人员配置、控制和计划。领导则与应变能力、发展观、调动积极性与激发灵感有关，更重要的是，领导者要激励人员协作完成任务。科特坚称管理和领导在组织机构方面是互补的，但一般人难以兼具二者。

即使管理是比领导看起来更理性的行为，但也不能将领导力视为一种神秘力量。"这与'魅力'或其他充满异域风情的个性品质无关，也不是少数精英人物的专有特质。"这是随着时间的推移积累起来的一种技能，这种技能有一些特征，需要与利益相关方进行密切交流——这种交流比管理需要的多得多。纳尔逊一位同龄人曾对他说："你的演讲和谈话中有一些令人无法抗拒的东西，在谈及专业话题时，有一股热情。"[14]

领导力还取决于在组织中分配任务的能力。纳尔逊在战争中有一个主要优势是手下训练有素、通力协作，这使他们能在执行命令时有一定权力，发挥自主性。"再靠近敌人一些"（Engage the enemy more closely）是纳尔逊在特拉法尔加下达给其舰队的最后一道指令，一道通常需要经验丰富的人进行解释的命令。

根据管理者和领导者两种不同但互补的概念，我们可以把纳尔逊的事例概括成"舰长与司令官"的故事：舰长是高明的组织者和规划师，司令员是卓有成效的领导者。历史常常为我们提供宝贵的管理经验。

1.6 管理指的是领导他人

我最喜欢的一句话,也是我向学生和经理人进行演讲时经常引用的一句话,是彼得·德鲁克回忆1934年在剑桥大学听约翰·梅纳德·凯恩斯讲课时的一句话。"我忽然意识到教室里凯恩斯和所有才华横溢的经济学学生都对商品的运行感兴趣,而我却对人的行为感兴趣。"[16]

当我询问管理的本质和领导力的核心时,我就会想起这句话。有时候我们会读到,管理指的是获取商业知识、技术和技能,了解如何解释宏观经济趋势,预测特定行业的发展或如何阅读财务报表。但是我很依赖于德鲁克的成为好的经理人的核心价值观:归根结底,管理就是领导他人。

通常,优秀的经理人从学校学得或从工作经验中获取了解行业的基础知识。但是,如果我们的目标是卓越有效的管理,我们就要通过学习人的行为、想法和期望来实现目标。未来成功的企业领导者必须具备下列品质:

- 深入了解员工——员工的关心和担忧、个人抱负和家境——改进管理档案。你奉献给员工多少时间?你了解员工生活的各方面吗?
- 识别和留住人才——商业作家Claudio Fernández de Araoz在其演示文稿中通常会问经理人,他们中有多少人懂得筛选人才的基本方法。[17]在大多数情况下,他们中的大多数人都不知道筛选人才的基本方法。他们应该是专业人士,但他们却临时发挥。
- 阅读文学、哲学和历史——这样做可以增加我们对人性的了解,这对管理人员和领导力的执行至关重要。

管理指的是领导他人：我们越了解跟我们共事的人，就越能成为更好的经理人。

1.7 经理人教育有用吗？——与凯·彼得斯的对话

当彼得斯谈到商学院时，从他对阿什里奇管理学院 15 年的管理经验来看，经理人教育是有用的，在此期间，他面临如何影响经理人教育的挑战：竞争的加剧、专业性的需求、比以往任何时候都更少的利润率以及更适用于真实世界的经理人发展需求。

彼得斯相信会有越来越多的商学院将涉足经理人教育领域，因为他们觉得经理人教育有钱赚，他补充道："在 1985 年，阿什里奇管理学院经理人教育公开课程的收入为 400 万英镑。三十多年过去了，数据跟之前的一样。这说明了这个领域的竞争强度。"但问题是他们没有想过其存在的问题，如需要更多的专家、更多昂贵的师资队伍、缩小班级编制或更多地使用学校的资源。基于他在鹿特丹商学院担任系主任的工作经验，他补充道："规模较大的本科项目收效更佳，并且能产生更大的经济效益。"

彼得斯强调了经理人教育内容的重要性。"从早期的阿什里奇管理学院到 1950 年末，经理人教育主要是传授知识，这可能是因为许多经理人缺乏诸如管理技能这些基本知识，而这些基本知识目前已经成为工商管理学硕士课程的一部分。学习经理人教育课程的人已经有这些基础了，所以我们的课程主要聚焦在领导力、管理变革或行为等问题上。"

彼得斯也认为，优秀的经理人培训老师一定是受过良好的经理人教育，以及长期从事高管工作的人。他不赞成商学院转变为研究型学院，因为他认为那些研究与经理人及其事业没有多大关系。期刊上发表的一些文章中所呈现的研究成果很少、平淡无奇或与大多数利益相关者无关。

彼得斯回忆起一个研究员的展示会，研究员称能产生利润的公司会发展得更快，工商管理学硕士的课程应包括随机分析方法。他总结道："很显然，将来的经理人培训不是朝着这个方向的。"

尽管作为培训领导的学术中心，商学院与日益活跃的战略咨询公司（如麦肯锡或德勤）相比有很大优势，如教授专业知识的能力、学习环境以及将领导力转化为行动力等方面的优势。

目前，阿什里奇管理学院有36门以上的公开课程，在咨询项目和高管教练上的影响也越来越大。2014年，阿什里奇管理学院与霍特商学院合并，在美国、英国和中国的分校拥有150位全职教师、300多位助手以及4 000名大学生。此次合并是为了进行管理实践。正如《金融时报》报道，此次合并可能是唯一一次两家商学院合并却没有减少收入或规模的案例，事实上，正好相反：此次合并促使两所商学院更好地协同发展。[18]

注释

1. Data based on interviews held between the author and deans and program managers of different business schools and executive education centers.

   For further data used in this introduction, see the annual reports provided by UNICON (Executive Education Consortium), comprising the leading business schools offering executive education programs, both open and custom. See also:

   Bersin by Deloitte, *Corporate Education Factbook 2014*, January 2014, and *HR Factbook 2015: Benchmarks and Trends for U. S. HR Organizations*, January 2015, http://www.bersin.com/Lib/Rs/ShowDocument.aspx?docid=18203.

   P. Cataldo, *Best Practices in Marketing Executive Education*, UNICON

(Executive Education Consortium), November 2012.

Bersin by Deloitte, "Global Human Capital Trends 2014: Engaging the 21st Century Workforce," Deloitte University Press, 2015.

2. M. Eiter, "Investigating Our Customer Clients' Evolving Needs," A Unicon Research Study, June 2009. https://Uniconexed.org/2009/research/Investigating-custom-client-needs-Eiter-2009.pdf.

3. P. Capelli, "Why We Love to Hate HR … and What HR Can Do About It," *Harvard Business Review*, July – August 2015.

4. B. Audrey, "Why Tomorrow's HR Professionals Must Reinvent Their Role," *Global Focus*, EFMD, Vol. 9, Issue 3, 2015, pp. 28 – 31.

5. G. Di Lampedusa, *The Leopard* (translated by Guido Waldman) (New York: Random House, 2007).

6. M. Ghiasy, "The Only Constant is Change," *LinkedIn Pulse*, August 3, 2014.

7. R. Moss Kanter, *When Giants Learn to Dance* (New York: Simon & Schuster, 1989).

8. www.strategy-business.com —"Lenovo Goes Global," August 8, 2014.

9. D. Teece, *The Competitive Challenge: Strategies for Industrial Innovation and Renewal* (Cambridge, MA: Ballinger, 1987), pp. 186 – 188.

10. L. B. Gerstner, *Who Says Elephants Can't Dance? Leading a Great Enterprise Through Dramatic Change* (New York: Harper Collins, 2003).

11. T. Coleman, *Nelson: The Man and the Legend* (London: Bloomsbury, 2002), p. 31.

12. S. Sontag, *The Volcano Lover: A Romance* (London: Penguin Modern Classics, 2009).

13. J. P. Kotter, "What Leaders Really Do," in *Harvard Business Review on Leadership* (Boston: Harvard Business Review Press, 1990), p. 38.

14. T. Coleman, *Nelson*, p. 68.

15. The title "master and commander" was created in the 18th century to call naval officers who managed ships of war too large to be commanded by a

lieutenant but too small to require the assignment of a post captain.

16. P. F. Drucker, *The Ecological Vision* (Piscataway, NJ: Transaction Publishers, 1993), pp. 75–76.

17. C. Fernández de Araoz, *It's Not the How or the What but the Who: Succeed by Surrounding Yourself with the Best* (Boston, MA: Harvard Business Review Press, 2014), p. 23.

18. D. Bradshaw, "Ashridge and Hult International Announce Plans to Merge," *Financial Times*, July 4, 2014. http://www.ft.com/cms/s/2/7e199ea8-5251-11e5-8642-453585f2cfcd.html#axzz3rgDuWMVN.

第 2 章
详探高管培训项目

2.1 经理人教育提供者的价值主张

商学院在高管培训传统上专注于领导力和战略领域。例如，在美国有些院校开设的领导力培训课程在经理人培训领域有很大的影响力，经理人培训是支撑商学院发展的主要收入来源，如哈佛商学院、弗吉尼亚大学达顿商学院和芝加哥大学布斯商学院等。[1]

近年来，全球开设的培训课程类型和数量有所增加，除了传统商学院外，还有工程和设计学院、咨询公司和传媒公司提供相关课程。咨询集团长期以来一直作为经理人教育的参与者。如今，更多出版公司、新兴技术公司和招聘咨询公司正在蠢蠢欲动，试图抢占一年价值超过700亿美元的全球市场。[2]

毋庸置疑，公司和个人对培训方面的投资增加，使得培训需求增长，新机构的兴起进一步导致经理人教育领域竞争激烈。德勤的调查显示，经理人教育预算在过去三年已总计增长25%以上，领导力课程占总预算的35%。[3]

从供给的角度看，经理人培训课程通常分为公开课程和定制课程。比较常见的是公开课程，需要公司提前支付学费预订课程席位，参与者通常会获得课程的结业证书。

在定制课程中，公司才是客户，通常人力资源部或企业大学与培训机构商议培训的内容、教学方法和程序，并与公司的发展需求紧密结合。近年来，大公司逐渐已从公开课程转向定制课程，因可与目标、内容和评估更好地适应，从而取得更好的培训效果。现在，许多公开课程的参与者往往来自中小企业（SME）。

包括创新领导力中心在内的机构格言是"领导力是后天习得的"。杜克企业教育（Duke CE）为定制课程做了课程设计和实施流程图，是一个重要的转折标志。Unicon 报告说明："现今的客户想要的是，注重帮助他们执行其战略或解决管理问题的课程。"[4]

定制课程在近年来呈现以下一些趋势：①要求通过培训对学员能力发展和公司绩效产生影响；②课程灵活性大，课程时间短，价格低；③要求获得可在公司经营环境下使用的前沿管理知识。

尤其要提及的一点是，正如安德森和 Van Wijk 所提到的，平台模型日益被视为未来趋势，主要是因为以下四方面的不断发展：①在学术机构可渗透到企业边界外部工作的智力聪颖的自由代理人数量激增；②作为定制和创新引擎的开放合作理念逐步得到认同；③使虚拟团队提供综合课程的信息和通信技术的普遍传播；④客户要求这些课程应通过将智力资源与其需求相匹配的方式实现目标，而并非是与此相反的做法。[5]

我认为，图 2-1 包含的是商学院和咨询公司在定制课程部分为其公司客户提供的主要活动，并包含了不同角色的参与者。

在经理人教育方面企业的价值主张是什么？Conger 和 Xin 认为有以下三大目标：① 树立认知并支持战略转换；② 能促进新战略方向所需的较大规模的组织变革；③ 培养领导人才[6]。

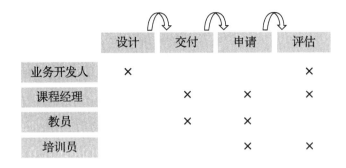

图 2-1 公司定制课程价值链

这些是宽泛宏大的目标，且某些利益相关者会问经理人教育提供者能否满足其需求。如要确定是否能符合其实际需求，应仔细核实公司客户的真实需求。

2.2 我们需要在经理人教育方面进行哥白尼式革命吗？

关于这一点，我们可能会问一个实际问题，有多少商学院，尤其是那些提供经理人教育的学院，仍然生活在我们所谓的前哥白尼时代？这个时代的观点是，学术界位于宇宙中心，而不是围绕商业世界运行的。

我在商学院任职期间面临最大的一个增长机遇时提出了这个问题——无论其在经理人教育方面是否有效，其面临的同时也是其中最大的一项挑战：如何更好地为公司提供培训课程。

我们可确定商学教育在特定领域中驱动增长的诸多因素有：

- **空前的商务需求，尤其是吸引、留住和培养人才的商务需求**。研究表明，在经理人决定是否加入公司时，尤其是对于所谓的千禧一代，他们最为看重的条件之一便是组织对内部培训的重视以及伴随的个人和专业发展机遇。[7]

- **人口老龄化**。在不久的将来，企业将迎来劳动力有史以来跨代最多的阶段。在许多国家，尤其是发达国家，其人口主力很快将会达到50岁或以上。预期寿命增长、退休延迟将会为公司提供机遇和挑战。另一方面，公司将能从年长经理和员工的利益关系网络、声誉和所在领域的知识中吸取经验。同时，不断变化的环境将需要进行定期再培训，从而保持老员工的创新能力，并管理各代之间的多样性需求。

- **企业将知识管理转换为直接与内部人才发展相关的不同竞争优势的需要**。我们需要问我们自己的问题是，大多数（而不是只有一部分）商学院是否乐于、愿意并能够应对为公司和教授设计定制课程的挑战，换言之——加入哥白尼式革命。在目前情况下，根据部分首席学习官（CLO）所言，答案是"并没有"。

- **直接适用性**。首席学习官认为，定制课程中使用的教育内容和教学材料并未与企业的发展和培训需求很好地适应，并且我们要少用现有、成套的和以美国为中心的传统工商管理学硕士内容。[8]但是，就开发适合经理人教育的内容而言，许多商学院的研究激励常与经理人教育的需求不一致。

- **学习评估**。50%以上的首席学习官并不满意当前的学习评估系统。[9]这对于负责人来说逐渐成为一个问题，因为他们越来越需要评估每一项投资对企业发展的影响。最近调查显示，85%的首席学习官认为，评估学习是一项重要或非常重要的活动[10]。在大多数情况下，评估公司内部课程的影响目前主要看参与者对课程的满意度，包括其完成指定任务的情况。

- **有经验的教授**。企业当前需要的培训团队是由各个领域的专家组合而成的，这些专家要有将全球通用的知识因地制宜使用的能力。选择培训机构时，全球视野、团队成员素质以及培养经理人方面的专业知识，是重要的因素。[11] 当然,并非所有商学院都有能够担任经理人培训课程的教师。最近调查表明,参加定制课程的名列前50的教师,仅来自于29家商学院。[12]

- **不局限于教育**。此外,首席学习官要求:商学院采纳的方法要能将教育与其公司的战略发展需要相结合。可以说,公司需要教育咨询和人才培训,而非对于每个员工的培训。

- **竞争激烈、多样**。因为新机构的兴起,商学院在公司内部培训的优势在减少。例如,工程学院以及心理和国际关系学院已为许多公司提供定制课程,大学的继续教育也是如此。同时,咨询公司将公司内部培训视为其专业服务组合的一部分,且能为其业务单位提供无数协同效应,通过其子公司在各洲的跨国公司间实施其课程。由于自由职业者和培训师(其服务可单独或合作提供)数量逐渐增多,竞争日益激烈。

- **时间安排和定价**。越来越多的公司要求在满足公司培训需求的同时,提供更高性价比的价格、快速的课程设计、灵活的时间安排、特殊的地点要求等,而且,在公司有需要时,有能力扩大课程参与人员的规模。

公司内部对于培训方案、人才培养、管理知识的要求越来越高,也使企业大学日益发展,其过程和结构日益复杂,如企业学习改善流程(CLIP)的评估等。外部质量认证系统也是一样。

在上述的情况下,商学院要采取哪些举措来通过公司内部培训满足首席学习官的要求呢?以下是关于商学院在不改变其宗旨的情况下,更好地利用定制课程的机遇、建立与其公司客户之间更为牢固关系的方式:

(1)教师顾问和培训教导员。在商务领域具有相关研究经验以及在公司与高级管理人员接触方面具有经验的学者是公司内部培训的最佳提供者。其将专业领域的各种技术知识与必要的中立立场相结合，从而有效和独立地在培训需求方面对公司提出建议。为了培养此类人才，商学院需要将其激励制度与奖励相匹配，并强调其团队成员在经理人教育方面的参与。

商学院需要引入具有专业领域实际经验的教师，作为学术界的一部分参与到学校研究和教学方法的研讨中。学者服务于企业需要的类型可称为教师顾问（教师和顾问的综合）或培训教导员（半培训师和半教导员）。这些人可通过从公司面临的决定性问题方面进行理解，从而超越传统学科进行更精心的培训设计安排。

（2）实用性研究。研究需要转移到教学中，也要有新的方式来衡量学术研究对客观世界的影响。这意味着，衡量学术的方式将不只局限于文献计量学或文章引用率。正如我以前所说[13]，这意味着对系统进行设计，从而方便对学术研究及其在商务领域作为管理工具使用范围进行定期的分析。理想情况下可采取计量系统的形式，从而反映一系列文化与商务实践以及研究的异质性。

（3）混合课程。未来课程应能快速适应主管人的需求，同时又能综合技术与教学且能将学习动力延伸到传统的面对面课程（以课堂学习为特征）以外。

（4）综合学习平台。我们需要开发由商学院及其公司客户共同管理的新知识平台。这会为参与者提供机会接触适应其需求和环境的内容，同时允许其与公司的其他主管人互动。此类平台还会允许客户使用评估方案来衡量个人或集体学习的进展。

（5）衡量学习效果或影响。许多公司认为当前并未满足这方面的需要，就这一点而言，我不认为可在投资收益率（ROI）方面衡量对教育的投资。这类似于将不同措施的实施与商业道德对底线的影响做比较。事实上，我们可制定方法，从而衡量课程对参与者个人发展的影响，并了解其如何在公司范围内执行任务。我们当前正进入一个极其美好的时代，基于技术的工具正在产生，我们将可以更好地衡量教育产品对管理技能以及参与者行为发展的影响。

（6）多重伙伴关系。直到现在，商学院在为定制课程提供信息时还是有所保留的。这一点正在慢慢改变，目前我们也有理由相信，学校和咨询公司、培训网络、软件和技术以及内容平台之间会进行联合应用。

这些主张基于一项基本前提：企业是太阳，商学院环绕其运行，而并不是企业围着学院转。就哥白尼式革命而言，我们的学术机构必须在其管理、宗旨、激励和各种活动中进行变革。

2.3 新事物诞生：FT丨IE 公司学习联盟

为了应对前述部分说明的挑战，2014 年秋，IE 商学院与金融时报集团建立了联盟——FT丨IE 企业学习联盟，作为一家合资企业，其宗旨是将学术力量与从事综合技术和教学的公司直接通过知识相结合。其范围是全球性的，且面向世界范围与其他商学院广泛合作。我相信，在不久的将来将出现类似平台。实际上，数月后，康奈尔大学宣布了一份协议，内容是与财富杂志一起运营在线学习课程，并向学员颁发证书。

IE 商学院最重要的竞争优势之一就是其特殊的治理结构，它是一所非营利性质的私人学校，这就要求它始终追求保持卓越的学术和运营能力。学校战略愿景背后的驱动力来自其校长和创始人迪亚戈·阿尔卡萨·斯维拉，他是一位致力于创新的人物，极其喜好变化，从不害怕失败。IE 的组织结构涉及一系列持续相互关联的单位，并进行检验和平衡，从而保证能朝着市场需要的方向发展。

此外，该结构依靠四个支柱：①能提供新内容和新课程的强大的学术机构；②与商务界具有紧密联系的经理人培训部门；③各洲存在的商业机会；④致力于监测在各方面活动中的持续运转的财务部门。

学校创始人的首创精神持续对该机构的日常运行、教职人员产生显著影响，许多员工已创立并经营其自行开办的企业，自主决定和实施其公司战略。在推出新课程和修改教学材料方面，以及通过组织结构调整来应对变化方面，这种机构可以比其他学术机构更能够快速地占领市场。同时，IE 的国际化水平、课程以及教学方法的多样性使其可管理在单一领域的运营风险，并有效处理特定区域可能突然出现的任何危机。

IE 的创新之处在其历史发展过程中比较明显。作为欧洲第一所启动经理人工商管理学硕士的学校，因当时缺少一定的学术严谨性而在某些领域受到苛责。自那时起，针对经理人的工商管理学硕士就成为商学院最受欢迎的课程。IE 的其他两大标志性活动在提出时也经受了类似的苛责。

首先是学校决定设立关于某些方面的硕士课程，如人力资源和营销，从而与在那之前传统工商管理学硕士的综合素质培养有了差异之处。这种不同行业的专业性再次成为了商务教学方面的典范，目前已获得评审机构认可，如工商管理硕士协会认证（AMBA）。

其次是 IE 于 20 世纪 90 年代晚期进入在线和混合式教学领域。那是一个激动人心的时刻，许多新的在线学习课程不断出现，如 UNext 和卡丁大学，虽然一些学校没能坚持到底，如 Apollo 教育集团和 Laureate 等。

IE 进入该新型行业的决定在当时是非常大胆的，十大欧洲商学院中没有任何一家效仿。IE 在线教学策略成功的关键在于，它将当时提供的所有可能的技术集中在一起应用。该理念是通过利用综合在线和课堂学习提供的优势，吸引更多受众。此外，通过多媒体教学材料和各种形式的媒介使用，如平台和视频会议，能够重现课堂上进行的传统互动，甚至效果更优。

这一理念绝非像现在许多网络大学那样，用助教或辅助人员代替教学人员，而是要在一种新环境下传授学术知识，并进一步开发其在线教学技能。IE 混合式经理人工商管理学硕士课程（当今这类课程在全球高居榜首）的优势，并不是对其进行支持的技术平台，而是其将团队成员、课程人员和多媒体内容集中到一起，同时通过课程将同组学生集中起来，根据极高的准入要求接收学生（不同于许多其他在线课程，其灵活性的开放式方式反而导致较高的退出率），成功提供传统教学体验。在 IE，一旦学生被接收，则能始终坚持到底。

2012 年春，在 IE 混合式课程获得成功的基础上，IE 决定开发新领域。学校已经意识到，可以将他们的技能知识应用到商务教育中，满足高级管理人员的特定发展需求，在公司内教授定制课程。而这些需求以前通常由欧洲主要商学院、经理人教育中心、咨询公司和企业大学等来实现。

目前采取这些有效举措是基于以下思考：商务教育领域和普通教育正汇聚了全球不同层次的参与者、联合高校和商学院，以及出版社和媒体，甚至是科技公司。经营该领域尤其是管理教育领域的公司联合开展活动会产生多种协同效应。

IE 的想法是利用最新的学习技术、开展适应时间限制和主管人需要的混合课程为企业提供发展和教育培训。这些通信技术也考虑了通过相关课程的社会网络进行内容分配和相互作用，同时强化学员们对公司的认识。同时，也可借鉴致力于管理研究的全球出版社的数据建立一座接近百科全书式的资料库。此外，IE 能够开发工具评估参与者的技能和知识习得情况。最后，教学人员将严谨的理论、全球高级管理层的实践能力以及大量经验相结合制定适宜的培训内容。

IE 将详细列明与项目任务及活动的商务计划进行整合，并着手寻找商业伙伴。从一开始他们就非常清楚希望与一家公司合作，从而避免漫长和复杂的谈判，迅速达成一致。他们选择了培生集团的原因是因为它既是一家多元化跨国公司，同时也是全球最大的教育公司和出版公司。培生集团曾是《金融时报》所有者并拥有《经济学家》50% 的股份。集团通过收购大量高等教育培训机构（其中华尔街英语国际语言教学中心现在是培生英语的组成部分），使之在教育领域拥有很大的影响力。

IE 接洽培生集团的原因是他们认为项目产生了一系列在公司 2011 年年度报告中确定的协同效应。一方面，定制课程提供了一个机会，将培生集团客户群主要从企业对消费者（B2C）扩展至企业对企业（B2B），同时从 K-12 部门扩展至企业对政府（B2G）。在发生危机时，商务定制课程比其他教育和培训课程的适应力更强。IE 第一次接触培生集团时，许多欧洲经济体已经因为 2007 年的金融危机而严重受挫。

利用培生集团内的如评估、内容交付、电子出版和在线教学等专业技术，还可能将其开发的教育平台和应用程序扩展到经理人教育上。同时也可以有机会将公司地理分布进行更多元化的拓展（其 60% 销售在美国），包括新兴经济，尤其是在拉丁美洲的拓展。最后，联合 IE 商学院创立商学院领导联合体有助于将培生集团品牌整合进入当时其几乎从未涉足的商务教育领域。

与培生集团进行商业洽谈所花时间比预计的要长。主要原因在于 Marjorie Scardino 的退出，她的接替者 John Fallon 担任了首席执行官。这种转变意味着 IE 从培生的国际高等教育部安置到了金融时报集团，那时叫做培生专业，由 John Ridding 进行监管，而那里已经有与商务和专业教育相关的企业。

IE 与金融时报谈判后，暂不考虑提供开放教育课程，而是专注于定制课程项目。事实上，该目标也是金融时报高级职员的愿景和目标。

与合资企业协商成立新的企业是一个非常复杂的过程，尤其是应牢记项目参与组织之间的性质差异：一方是学术机构，另一方是大型企业，它们的结构复杂，需要进行不同层次的对话。由于双方协商团队之间的共同战略愿景和强烈共鸣，成功完成了部分谈判。作为 IE 团队的一部分，我有幸得到 Diego del Alcázar 坚定不移的支持和鼓舞，见识到 Antonio Montes 的外交能力，以及 Vandyck Silveira 渊博的经理人教育领域知识。离开谈判桌，我们很荣幸能与 Tas Viglatzis 这位专家交谈，在此过程中，John Ridding 都一直默默地支持着我们。

双方团队需要开展艰巨的法律工作，将英国普通法和西班牙民法进行协调并接受 IE 律师 Macarena Rosado 和 Diego Alcazar Benjumea（IE 的副总裁）的监督，同时 Juan José Güemes 代表 IE 协调财务方面的问题。因此，2014 年 12 月，金融时报 | IE 企业学习联盟（FT | IE CLA）诞生了。IE 商学院和金融时报集团创建的这个各占一半股份的合资企业共同开发了公司课程和商务定制教育方面的课程，目前已经在欧洲、拉丁美洲和中东具有良好的不断发展的客户群。

企业学习联盟（CLA）在定制教育领域是不同于其他商业学院、咨询公司和其他参与者的新式机构，它建立在以下价值主张之上：

——其结合了 IE 的学术优势和金融时报在全球企业环境中的影响力以及两者的品牌声誉。这是一个把大学风格和学术研究的严谨性融入专业经验、在商业界中独树一帜的机构。

——其结合 IE 混合课程（通常视为顶级部分）的经验和领导力研究。混合方法结合了优质课程和课堂教学经验。FT | IE CLA 旨在利用其

混合方法开发越来越多的面向公司的课程。

——其包括某些世界领先的商学院作为课程设计和教学的学术伙伴，提供本地知识并与全世界的利益相关者相连，促进若干语言（其中包括英语、西班牙语、汉语和葡萄牙语）的课程分享。合作机构包括耶鲁大学管理学院、巴西圣保罗商业管理学院、墨西哥蒙特雷理工 EGADE 商学院、上海交通大学安泰管理学院、中国人民大学商学院以及新加坡管理大学。

——我们已经将匹配企业内部培训需求的师资队伍与公司的内部教学所需的个人资料进行整合，通过合资企业（JV）签约 IE 的专业学者和讲师、擅长管理发展的专业顾问以及金融时报的知名意见领袖。例如，《金融时报》的一些部门编辑已参与课程并对他们所负责领域的主要参与者进行了全面公正的概述。

——我们也已经根据 IE 卓有成效的多媒体资料、金融时报的社论和档案资源以及培生集团其他公司（如普伦蒂斯·霍尔、兰登书屋和企鹅出版社）提供的内容开发了一系列不同形式的产品内容。

FT｜IE CLA 作为世界经理人和商务教育领导中心之一，其总部位于伦敦。借由开放的新校园和各分支机构，FT｜IE CLA 将进一步提供培训和教育服务。同时，FT｜IE CLA 也已在西班牙成立了一家子公司，IE 已有的公司内部教育业务已经转移至该子公司进行管理。

2015 年 7 月，培生集团将 FT 出售给日本经济新闻集团，该集团是总部位于日本的一家全球领先的媒体公司。此次收购创造了历史上收购报社的价格纪录。这将会为 FT｜IE CLA 提供新的机遇，从而打开日本的经理人教育市场。此外，日本经济新闻集团也有兴趣将其业务延伸至经理人教育领域。

FT｜IE CLA 的创建引起了学术界和商业界的极大期待。在其运营的头几个月便实现了发展目标，从而将其运营团队聚集到一起，同时也吸引了大量老师和讲师的加入。我们坚信日后将会看到，在媒体和专业服务领域内将有更多教育机构和咨询机构相结合，而驱动力正在于探索内容创造和分享产生的协同效果，从而产生规模经济并实现真正的全球覆盖。那么下一家会是谁呢？

2.4 组织知识：公司最有价值的资产

自从彼得·德鲁克用"知识工作者"这一术语来定义大部分现代员工后，大量研究和咨询主要集中在公司如何产生、探索以及与整个社会分享知识这些现象上。

首先，有必要进行概念上的说明。知识并不等同于信息的叠加。收集信息对于知识整理很有必要，但它并不是知识的全部。公司需要利用客户关系管理（CRM）程序来编制有关客户的大量数据，但若该信息未充分处理且不适合用于制定决策，则客户关系管理是一种资源浪费。事实上，有效的知识管理需要隐含在组织文化内的相关操作流程和惯例中。典型实例就是成功的家族企业。只要家庭成员维持稳定关系，则可将有关信息的收集、传输和使用制度化，并达到预期效果。因此，在其他管理领域，大公司也可从家族企业学到很多经验。

再就是对于知识管理的说明。对多种来源（如客户关系管理、供应链管理框架、绩效记分卡等）信息进行处理的系统已成为管理活动中不可缺少的一部分，并在过去几十年内快速扩展，因此成为商务教育（包括工商管理学硕士课程）的必要关键部分。来源多样的各种信息的绝对数量是史无前例的，并呈指数级增长，因而催生出了一些新的现象，如大数据。很多人认为我们正在见证信息社会时代的最开端，其中就包括物联网的诞生。

但是，根据之前的讨论，知识管理已不仅仅是数据积累，它与领导力的执行密切相关。虽然经理人在负责信息技术，但创造原始组织知识是公司文化和使命的内在属性，这涉及公司的首席执行官和高层领导人。

有很多有关知识管理的谬论，如：知识被组织而非组织中的具体人员所拥有。社会科学（尤其是制度理论）的发展有助于我们更好地了解组织的性质。组织的"人格化"也有助于我们了解其复原力、独立于其经理人的存在以及公司责任，就好像公司具有灵魂。我们通常认为组织具有知识，假定信息和知识能够编集成典并供所有公司成员系统性地使用。这貌似有理，但不要忘记，知识是由人产生且由人使用。实际上，假设整个商业团队离开公司，那么人们就难免怀疑留下客户关系管理系统是否足以留住客户。

另一普遍观点就是：利用知识的最佳办法在于培养保密意识。不同的研究表明，保密是保护创新成果的最不可靠的方法。[14]更有效的手段就是利用好上市时间和领先优势。同时，如今保守机密是非常困难的，因为企业内部和社会网络都密切交织，并且最新消息几乎可实时被世人所知。我们知道，史蒂夫·乔布斯非常渴望对苹果的新产品保密，尤其是接近新产品发布的时候，但这与上市环境的关联更强，而与保密意识本身关联不大。

我还认为不应该继续将内部通信和外部通信分隔开。更好的办法可能就是针对不同的利益相关群体，在不同程度上提供不同的信息和知识。

很多公司认为如果不了解所有信息，则无法做出决策。即使适当的知识管理可以使决策制定更为合理，但是我们都知道，我们几乎从来都无法在制定决策之前保证绝对的确定性或获得完整的数据。矛盾的是，在这个知识以前所未有速度发展的世界上，商业学校教育者面临的挑战之一就是让领导人有能力在不确定性和模糊性中执行管理。

与普遍观点相反的是，研发部并不会产生创新成果和新的知识。新的观念、服务、产品以及有活力的用法或应用可能会出现在公司的不同级别、各个领域。经验表明，与客户关系密切并注重客户反馈的优秀销售团队可能是创新的关键来源。

同样，很多人错误地认为，知识管理需要复杂且昂贵的信息技术系统。但是，我们可以从家族企业的示例中看出，在技术方面没有大量投资的情况下，也可实现知识共享。信息技术系统无法通过自身解决管理或工艺问题。经理人需要了解信息技术应用程序的用途和使用预期结果、优点和缺点，而并非仅仅交由信息技术小组做出决定。

最后，另一谬论认为，需要任命首席知识官（CKOs）来进行知识管理。任命首席知识官只有在组织处于信息和知识编纂和分配这些起始阶段时可行。但是，在实际知识型组织中，知识在各个分部和单位之间以协调的方式自由产生和流通。此外，信息技术和社会网络以及社区的使用将以意想不到的方式形成知识文化。

注释

1. The *Financial Times* publishes annual rankings of business schools and executive education centers under two different categories: open programs and custom programs. They have become a commonly used tool to identify the leading academic institutions offering executive education. However, the rankings do not include other important players in the sector, such as

consultancies and other professional services firms.

2. D. Bradshaw, "New Market Entrants Create Competition for Business Schools," *Financial Times*, May 17, 2015. http://www.ft.com/intl/cms/s/2/896cfdc4-f016-11e4-ab73-00144feab7de.html#axzz3s9PyKSdR.

3. Bersin by Deloitte, Corporate Education Factbook 2014; January 2014, and HR Factbook 2015: Benchmarks and Trends for U.S. HR Organizations, January 2015. http://www.bersin.com/Lib/Rs/ShowDocument.aspx?docid=18203.

4. M. Eiter, "Investigating Our Custom Clients' Evolving Needs," A Unicon Research Study, June 2009, p. 2.

5. J. Anderson and G. J. Van Wijk, "Customized Executive Learning: A Business Model for the Twenty-first Century," *Journal of Management Development*, Vol. 29, No. 6, 2010, pp. 545-555.

   An interesting account of corporate customer's views can be found in B. Büchel and D. Antunes, "Reflections on Executive Education: The User and Providers Perspectives," *Academy of Management Learning & Education*, Vol. 6, No. 3, pp. 401-411.

6. J. A. Conger and K. Xin, "Executive Education in the 21st Century," *Journal of Management Education*, Vol. 24, No. 1 (February 2000), pp. 73-101.

7. Over 90% of millennials strongly agree that an employer should provide on-the-job training and opportunities for continuing education, according to a survey authored by L. Stiller Rikleen, "Creating Tomorrow's Leaders: The Expanding Roles of Millennials in the Workplace" (Boston College, Center for Work and Family). http://www.bc.edu/content/dam/files/centers/cwf/pdf/BCCWFpercent20EBSMillennialspercent20FINAL.pdf.

8. F. R. Lloyd and D. Newirk, "University Based Executive Education Markets and Trends," A Unicon Study (Consortium of Executive Education), 2011.

9. "Chief Learning Officer Business Intelligence Board," 2013. http://clomedia.com/articles/view/slowly-steadily-measuring-impact/2.

10. The Parthenon Group, "Learning and Development in 2011" (parthenon. ey. com). Duke CE, "Preparing Leaders for Todays Challenges," 2012 (dukece. com).
11. Henley Business School, "Henley Corporate Learning Survey," 2014 (henley. ac. uk).
12. A. Carter, "World's 50 Business Schools Professors," *Poets & Quants*, 2012 (poetsandquants. com).
13. S. Iñiguez de Onzoño, *The Learning Curve* (London: Palgrave Macmillan, 2011), Chap. 10.
14. For example, R. Grant, *Contemporary Strategy Analysis* (New York: Wiley & Sons, 2013), 9th edition, Chap. 7.

第 3 章 管理者的职业生涯

3.1 千禧年一代的精神

现在进入公司的大多数人属于所谓的千禧年一代（或千禧一代），他们出生在80年代末和90年代。曾有无数调查试图找到这一团体的特征。人力资源经理的主要工作是吸引和留住人才，人力资源经理关心的是千禧年一代是否对某种类型的激励措施感兴趣，以及他们是否与上一代人持有相同的价值观。人力资源经理的另一个重要考虑是如何组合不同年代的员工，以便产生协同作用。

千禧年一代的一个最为明显特征是他们熟悉技术，并且有能力通过社交网络与他人产生联系。PwC调查得出的结论是，千禧年一代喜欢灵活的工作环境，并且他们不赞同工作意味着牺牲私人生活或至少大部分时间的说法。[1] 他们珍视并重视协作、有凝聚力、有团队精神的工作环境，并且相较于年纪较长的员工而言，他们要求有更频繁的反馈。这份报告说明，人们对千禧一代的固有印象有不符合事实之处，如他们没有像前几代人勤奋。与愿意长时间待在办公室的前几代人相反，千禧年一代专注于工作效率来完成自己的工作，而这一点通常可通过在家里工作等方式达成。

另一个调查发现：在选择用人单位时，千禧年一代倾向于选择对个人和职业有发展机会的公司和具有社会责任感的公司。[2]这项调查补充道：91%的千禧年一代调查对象希望破格提升，52%的调查对象希望在海外拓展事业，71%的调查对象认为他们的用人单位应该预先告知福利和晋升机会。

每一代都具有鲜明特点，但关键在于经理人应该适应生命周期，并考虑个人发展、生活规律、专业经验、关系、人脉和声誉。在这一章，我将从个人和公司角度来讨论经理人职业生涯的不同阶段。

图 3-1 列出了一般经理人生命周期的不同阶段，以及针对处在每个阶段的专业人士的教育课程。

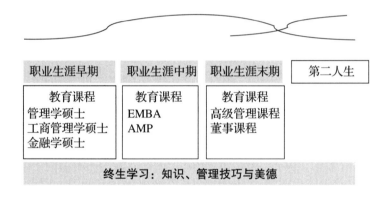

图 3-1　经理人生命周期

3.2　职业生涯早期阶段

在毕业之前，许多年轻人已经清楚他们想要做什么。一些年轻人自孩童时期就有自己的志向，也有人决定继承父母的衣钵。他们其中的勇敢者可能决定自己创业——这可能是最有趣的选择，尽管创业初期就需要牺牲，但长期坚持可让创业人获得经济和专业技能方面的最大回报。

尽管如此，依旧有许多二十多岁的年轻人，直到大学毕业，也没有想清楚他们想要做什么或者希望进入什么样的公司。

首先，引用一个俗套但合适的比喻，职业生涯就像长途赛跑，其间不断发生变化、充满不确定性。职业生涯有三个阶段，即职业生涯早期、职业生涯中期和职业生涯末期。但职业生涯很少是直线的，通常受到运气（无论好坏）以及颠覆性机遇的影响，并且需要导师的帮助。我认为职业生涯，更准确地说，是相互关联的一系列不同生活，只有在后期某个点才能看到完整的职业生涯。简而言之，职业生涯的大部分都伴随在复杂的生活中。

安布尔·威格莫尔，IE商学院职业发展中心高级经理，他把职业道路比作一个溜冰场："用人单位需要那些能够主动接受挑战并不断学习的敏捷人才，包括沟通能力、诚信、驱动力和跨文化敏感度等人际交往技能。"这位退役职业运动员补充道："一个职业策略开始时要宽泛以便成长，在保持平衡和稳定的同时前进后退。策略性的横向移动往往是到达顶端的一种更快的方式，尤其是因为这种手段允许一个人朝着一个新的方向前进，获得能力或增加其在一个组织或社区的认可度。虽然最近毕业的毕业生不应该害怕在他们的职业生涯早期冒险，但重要的是制定短期、中期和长期的职业战略。这是所有进行现实自我评估的一部分，了解自己的长处和局限性，以便在合适的时间坚持自己的主张，同时确保他们为下一阶段的成功做好准备。"[3]

在职业生涯开始的时候，切忌追求捷径、金钱第一、拿自己的职业声誉或个人声誉冒险。我在这里讨论的不是犯错，每个人都会犯错，但行为要符合道德，并且在早期不要太过于重视钱。我的经验告诉我，在职业生涯早期最好不要太注重薪水。

每个不准备创业的人都面临两个问题：你要做什么工作以及你工作的公司是什么样子的。要解决第一个问题，人们需要了解自己的强项和弱项，而强项和弱项是需要时间才能弄明白的。如果不考虑家庭压力，人们很自然地会关注最吸引人的职业。从用人单位的角度来看，几个值得提出的关键问题可以让我们大致了解前来面试的人的情况：他们是分析师、后台人员或了解人际关系的前台人员？他们的分析技巧是否比同事的分析技巧要好？或者他们擅长的软技巧是什么？他们是善于团队合作的人还是更习惯于单兵作战？

他们是更喜欢思考还是直接采取行动？在这一过程中，如果他们持续学习，职业人士们还将提高技能或获得新的技能。但最开始，他们应将他们的强项和偏好与职业责任相结合，以便尽量好地履行责任，与此同时，增加晋升机会。一些毕业生对顾问或金融分析感到好奇，在不知道这份工作真正与什么有关或没有必要技能的情况下，就去申请这些领域的工作。选择最适合工作的最好办法是找到自己擅长或特别享受去学习的领域。事实上，人们所选择的第一份工作不太会决定他们在以后职业生涯中的成功程度。

我通常给正在找第一份工作的求职者的建议是，阅读有关职业和趋势的调查指南很重要，但不应太受数据的影响。统计资料不应决定某个人的职业生涯：统计资料最多是促使规则发生例外的诱因。有许多成功的首席执行官拿的是英语文学学位，或者从事了很久的人力资源工作，而非财务或销售工作。

第二个重大决定就是到哪种公司工作。求职者要优先考虑大型跨国公司，这一点属于普遍性误解。不要忘记，在小公司里，求职者可能会承担更多责任并且与高层管理者产生更加直接的关系，同时也可以形成全局视角，以了解这个公司是做什么的以及公司如何经营业务。

大型企业确实可以为求职者提供将其职业生涯与知名品牌相关联的机会。在简历中提及世界500强或全球四大产业之一无疑对于未来的选拔过程会起到重要作用。例如，在商业学校领域，名誉是教员申请新职位的首要考虑因素。我认为，除了名誉之外，另一根本决定因素是为新加入员工安排的内部培训计划。

人开始职业生涯时应考虑的另一个标准就是，公司是否具备导师计划，以及多样化和包容性政策。贝恩咨询公司[4]最新研究表明，43%初入职场的女性希望做到顶级管理职位（相比而言，男性为34%）；这个百分比仅在两年内就快速下降至16%，而对于男性而言，此项百分比没有变化。根据调查，主要原因在于缺少老板和监管人员的支持，以及缺少行为榜样，"公司简报上或异地会议上通报表扬的大多数领导，通常都是那些经常通宵工作或在高尔夫球场拉拢人脉以赢得大客户的人。"[5]但是，多样性和包容性计划正在逐渐抵消此类情形。在选择公司前，求职者可能想了解中间管理层的女性数量，以及有多少是在最高管理层，有多少是董事会成员。

另一需要强调的重要考量是：是否选择具有跨国任职性质的职位。在职业生涯的早期阶段，在开始组建家庭之前或当孩子还小时，在国外工作相对来说比较容易，而且求职者简历上如果体现有出国工作的经历肯定会显得更加出众。

最后，要牢记决定年轻专业人才特点的因素，不要过分关注眼前的成功。一般而言，成功往往在长时间的努力后出现——与多种类型的利益相关者合作以加强其声誉，而不是仅靠好运气。

就招聘者所考虑的因素而言，他们在判断求职者的素质时会观察求职者是否具备领导者气质。威格莫尔说："应尽早关注领导者气质，兼顾个人品牌塑造和就业能力这些要素，包括应届毕业生。"在我同无工作经验的求职者交谈时，我强调非语言交流，事实上只有7%的交流是口头交流，而剩下的部分则是通过面部表情、手势、姿势和语调，以此确立面试的基调。

尽管耐心在职业生涯的早期非常重要，但仍然必须关注人的专业技能进步，而且必须确保一个人的优点和努力得到认可。一般而言，如果工作卖力，但四年都没有升职，或如果具备类似实力的其他人已经升职或加薪，也许是时候转至另一部门或者甚至考虑换一家公司或行业。

每一代都认为其面临着独有的问题，而且某种意义上来说确实如此，但"我们在人生中能做些什么"这类问题却是所有人共同的问题。关于选择职业的建议，有一本非常好的书是乔治·艾略特的代表作《米德尔马契》。书中体现了19世纪，英国发生急剧变化时，人们生活的生动写照。书中，弗莱德·文西的家人希望他去当牧师，但他感觉牧师工作对他而言并没有吸引力。他问他未来的岳父他该怎么办，岳父告诉他说："你必须热爱你的工作，而且不能好高骛远，玩世不恭。另一点是，你不能对你的工作感到羞耻，要认为你做别的事可能会更受人尊敬。你必须对你的工作感到自豪，并且学着去做好，不要总是说机会还有很多，如果我做了别的工作，我可能成就更多。"[6]

3.3 职业生涯中期：危机时期？

顾名思义，职业生涯中期危机对于40~55岁年龄段的人而言是个非常普遍的问题，会影响已婚、离异、有孩子的人，无论其是否享受过事业上的成功、赚了多少钱或他们的国籍是什么。

研究表明，在这些年龄段的人群中，许多人的幸福经历呈U形：他们步入了似乎一眼望不到头的危机，但最终危机还是结束了，然后他们的感觉会变好，而且通常是在其 50 多岁的时候出现。[7]

职业生涯中期通常与危机、中断和改变相联系。处于职业生涯中期的职员更可能质疑其工作的意义，其公司任务的价值，其工作自主权、贡献以及关系。公司需要意识到这些警示信号。"领导者通常不太会关注到处于职业生涯中期的人群，以为他们会像往常一样工作，"澳大利亚教育家 Athena Vongalis-Macrow 说道。[8]

与大多数身处职业生涯中期危机的人想法相反，其所处困境出现的原因并不一定是其所从事的工作，而通常是不可避免的生理因素。事实上，研究表明，我们的近亲灵长类动物也会经历类似的过程。也就是说，我们无法阻止某些因素（比如家庭责任、父母的逝去、职业期望未能达成、怀疑同龄人比自己做得更好，或者问一个极具存在主义色彩的问题——"这"到底是不是他们想要的）产生的压力。

这些问题对于很多读者而言可能很熟悉。重点在于提醒正在经历职业生涯中期危机的人们，不能产生负罪感、遗憾或对他人充满敌意。职业生涯中期危机终将消失，我们应提醒人们坚持下去，并时常打起精神——人们将从危机中走出来，而且很可能当他们走出来的时候，他们会看到事物的另一面，甚至会考虑步入老年所面临的新现实和挑战。

在此 U 型历程的低谷部分，许多人认为他们在生活中，要么是在事业方面，要么在个人方面，需要做出重大改变，他们开始寻找只存在于脑海中的天堂。事实上，中年职业生涯危机也充满了可以使高管和企业家上升到新层次的机遇，前提是他们要知道如何把握这些机会。这是他们收获职业声誉的时刻，他们的人脉会扩展至新层次，其领导力会达到顶峰，而且其管理知识会得到进一步的巩固。

IE 商学院教授莫妮卡·哈默瑞找出了三个与职业生涯中期相关的谬误。[9]

第一个谬误为每四年或五年变化一次公司的人能创造更多的晋升机会。哈默瑞的研究表明，平均而言，美国和欧洲的首席执行官在其职业生涯中只效力过三家公司，其中1/4的人一直在同一家公司工作。这些统计数据背后的逻辑为：对公司有价值的人获得更多关于商务和部门的信息，拥有进一步帮助其发展的内部人脉的优势。忠诚可以带来回报。

第二个谬误是所有专业人员的职位调动都应朝向同一方向：升职。但事实是，大约40%的职位调动都为平级调动，哈默瑞表示这种情况可以让高管们了解其公司的全貌，并实现技能互补。平级调动与传统晋升都是通往最高职位的调动方式。

第三个谬误是与实际数据相左的两个根深蒂固的观念，即调动到另一个部门会影响晋升机会、晋升到高位的唯一办法是进入一家大型跨国公司。实际上，大约有一半的首席执行官在多个行业具有经验。从中型企业转向大型企业的大多数高管，只居于较低的职位，而转入小公司的人则往往在更高的职位上。

一般来说，职业生涯中期晋升取决于领导能力和绩效。一些专家，如工程师，利用他们的技术能力能创造一些机会，并要对管理知识有大体的了解以培养软技能、提高他们的领导能力，为他们的专业知识和技能作补充。在这种情况下，人们经常会参家高管工商管理硕士或高级管理培训课程，或参加由他们公司内部提供的董事培训课程。

对于拥有家庭的高管，特别是女性高管，职业生涯的中期要面对的挑战就是平衡职业和个人生活。幸运的是，越来越多的公司实施一些特别项目，来减少为了家庭而放弃快速晋升的女性的数量。通过减少工作周，推出灵活的工作时间和方案，包括在线工作方案，来帮助她们重返工作岗位。这些项目能够使女性职员留在岗位上。采取这些政策的公司显然具有更大的吸引力，来留住那些在职业生涯早期表现出潜力的女性员工。

从用人单位的角度来看,处于职业生涯中期的高管是最重要的人才来源之一。他们的学习曲线一般比年轻的同事更有成效,同时,他们也有坚实的知识积累,以及可以为企业做出重大贡献的大型人脉网络。他们的薪水要高于新人,而他们的晋升也可能因为瓶颈而受阻。毫无疑问,企业中的大多数裁员措施都使处于职业生涯中期的高管遭受沉重的打击。

为了保留职业生涯中期的高管并进一步培养他们的才能,许多专家建议人力资源部门采取三方面的行动:①提供符合高级管理层条件和情况的竞争性薪酬方案,包括提供长期经济稳定的养老金计划;②通过灵活的工作时间,使得工作与生活更加平衡;③激励高管提高工作效率,并帮助他们认同公司的战略和目标。[10]

每年我都会问高级工商管理硕士的学生:他们经历了多少兼并或收购。他们给出的答案很发人深省:他们中一半以上的人已经经历了至少两次兼并或收购,超过 1/4 的人经历了三次或三次以上。兼并和收购通常会导致裁员。高管在其职业生涯中期突然失业时该做什么呢?

在这个阶段,他们应该建立起坚实的人脉网络,并在他们的行业中获得良好的声誉。在这种情况下,除直接寻找工作或通过猎头积极寻找工作外,他们应该有些备选方案:报名参加工商管理硕士课程,以提高就业能力,并使其在自己落后的管理领域快速成长。其他前高管可以将自己定位为自由职业者,利用其经验创建一个专业服务公司,使其在剩余职业生涯中投身于该公司。

职业生涯中期也与海外任用有关。对于到海外工作的机会,有三件事情值得考虑。首先是对家庭的影响以及与正在工作的配偶可能产生的冲突(通常薪酬更高的一方胜出),或者在孩子教育的重要时刻与孩子可能产生的冲突。第二,无论是真正的晋升或是外派,都意味着他们会错过在总部的发展机会。最后,要牢记的是,海外职位通常由利益相关者并能更好了解工作环境的当地员工担任，公司总是希望避免自己的做法被解释为帝国主义者的做法。简而言之，海外工作需要仔细考虑利弊，需要考虑的是职业生涯及家庭的详细计划，而非其他职位的优与劣。

3.4 规划下半生的职业生涯

萨利姆·伊斯梅尔在 2015 年 6 月的一次关于奇点大学组织的金融未来的会议上发表了讲话，强调了寿命对社会各个层面的影响。他说："每一年，人们的平均寿命都会延长三个月，在十年、二十年，或三十年后，很多人的寿命都会因为医疗而延长，这会影响到就业规划、退休计划……这将是社会上前所未有的。"[11] 换句话说，很多 50 岁左右的人将来可能会活到 100 岁以上，这意味着需要仔细考虑下半生的计划，甚至可能为剩余 2/3 的寿命做计划，尤其是考虑到政府稳步推进延迟退休年龄、国家养老金发放的问题。

12 年前，我在 42 岁时被任命为 IE 商学院院长，当时我与一位朋友进行了交谈，谈到了进一步开发我的潜能这一点，并谈论了参加继续培训项目是否正确，特别是如果事情不成功会怎样。我的朋友问我："你对你的事业进行过规划吗？"我回道："没有。""那你为什么现在要开始呢？"他又问道。我必须承认他的建议使我更加明朗，而我也因此停止了对未来职业的猜测。而且，从事学术工作有很多优点，其中之一就是，如果你厌倦了管理，你还可以回归到教学和研究领域。

鉴于我们的寿命有所延长，如果我们不为 45 岁到退休之前的职业生涯制定备用计划，会显得很愚蠢。这一阶段是我们人生最成熟的时期，也是我们情感趋向更稳定状态的时期；在这一阶段我们在工作领域以及同事之间可能获得一定的声誉，我们能够从生活经验中获益，并且能够相信自己的判断。在这一年龄阶段，我们可能很少被物质奖励所激励；我们可能倾向于在工作中寻求其他满足；同时，这一阶段我们已经与工作单位建立起了紧密的关系，而且这一联系远远不止是对老板或首席执行官的依赖。

简而言之，经理人应保持上进心并时时铭记自己的目标，这一点很重要，正如现代管理之父——彼得·德鲁克在一篇广为传阅的文章中所说："在可能长达50年的职业生涯中，如何使自己投入工作并确保效率，取决于自己。"[12]彼得·德鲁克建议读者不要将这个问题留给其所效力的国家或公司。

虽然我们现在的寿命比以前长一些，但经理人也比以前更加有必要思考一系列与未来事业管理相关的事情。首先，经理人应保持乐观，并将这一生命阶段视为最好的阶段，视为能够将所有目前已掌握知识用于实践的阶段。经理人应该已经采纳了古希腊人的建议"要了解自己"，并且应该已经有了一点自知之明。但据德鲁克解说，很少有人了解自己的优点和弱点。内省、同事或教练员的反馈信息、朋友的建议以及对他人的意见进行考虑，都是很好的方法。在我看来，对成功人士而言，人生阅历将带来两种态度：傲慢、疏远；谦虚、开朗且平易近人。

德鲁克提出了一系列问题，旨在帮助处于事业后半段的人们更好地了解自己，进而能够了解其正在进行的管理任务。德鲁克希望读者思考如何才能获得好的学习效果、是读者还是聆听者、工作时是与他人合作更好还是独自工作更好，以及我们是决策者还是顾问。这些都是有意义的问题，因为即使我们已经培养了才能且能够在新的领域施展领导才能，最好的做法往往仍是依靠我们的长处，而不是试图纠正弱点。这一建议在人生的后半段尤其适用，并不是说系统训练无法纠正人的缺点，而是说形成已久的行为模式很难被纠正。

俗话说,积重难返。也许正因为如此,当老年人对年轻人的观点表示出兴趣并且乐于接受新的想法和经验,人们会感到惊讶。事实上,随着年岁增长,是有可能(而且我认为有必要)培养出这种对改变的开放态度的,特别是在人们未来的工作年限更长的情况下。为此,我们需要谦虚,尤其是针对年轻人,我们可以从他们身上学到很多。这也是越来越多的公司开始实施逆向辅导计划的原因,通过该计划,年轻员工可以让年长同事了解新趋势、新技术及年轻一代的关注点。

终生学习是指我们应该在年老时继续掌握新的技能。越来越多的研究表明,使用记忆和分析技巧能够促进新的脑细胞的产生。而且如果经理人能够与年轻人一起学习,那么他们的教育将更具启发性。学习是一个伟大的平衡器,比如,在由所有年龄层学生组成的教室中,随着年轻成员的成长,年长参与者会重新焕发活力。终生学习是对抗年老的最好方法之一。

正如彼得·德鲁克所说,事业生涯的后半段能够提供改变方向和开启新事业的机会,如创办一家公司、成为社会企业家或加入非营利组织。多年来积累的职业经验、人脉关系,且在某些情况下已有的积蓄有助于重新开启一番事业。

重新开启一番事业这条路特别推荐给在50多岁时提前退休、董事会变更、执行董事离职、公司被收购或并购的人。这一点同样也适用于那些无法晋升的或分配到预备役部队的军人。

如今,各商学院意识到年长学生群体带来的机遇,它们为拥有几十年职业经验且希望改变方向、创立自己的公司、与非营利公司合作或担任教练或导师的专业人士开设了越来越多的课程。[13]

同时,职业生涯中期还让人有机会审视以往的职业,巩固早前取得的成功。弗兰克·西纳特拉完美的总结了这一点,他曾经说过:"我拥有一颗勇攀高峰的赤子之心。我规划着我的职业。从我站上舞台的那一秒就决心找准自己的定位。"[14]

成熟意味着多年来引导我们的个人价值观变得更突出，具有更大的意义，且可以作为励志故事传递给年轻一代。对于老一辈专业人员可获得的机会，其中之一即为担任非执行董事。既然董事会成员的责任更加重大，那么就要求更严格地遵守规则，需要花费更多时间编写或阅览报告，以及跟上其部门的发展步伐。Eugene H. Fram 建议任命具有20年以上工作经验的人员来承担这些责任。会计事务所那些已退休的资深合伙人由于见多识广而成为抢手的雇员（前提是不存在任何利益冲突），他们所处的就是这种情况。[15]

我一直认为对人性和艺术的深刻认识和感悟可以丰富和助力主管人的工作；毕竟，哲学的真正意义，只会在我们的生活中体现。同时，人性的培养让我们能够在其他文明和时代背景之下看清我们所做事情的意义。

如果在我们五十多岁时应该学到一件事，那就是明白运气在我们的职业生涯中的作用比我们想象的要大得多。越来越多的经济学家开始认识到，有时候不可预测的事件会发挥决定性的作用。哈佛商学院战略管理专家迈克尔·波特在其《钻石模型》中认为：在建立起国家的竞争优势的过程中，运气与诸如政府政策之类的其他因素同等重要。[16]

诗人托马斯·斯特尔那斯·艾略特曾说过："从50岁到70岁是最艰难的20年。人们常常会要求你做更多的事情，但你又没有老到做不了这些事情。"[17]也许，在我们当前所处的时代，生产效率最高且动力最足的人是过了50岁的人，也许诗人和小说家创作的最佳诗歌和小说并不是出现在其三十多岁时，而是其七十多岁时。

注释

1. PWC, University of Southern California and London Business School, "PWC's Next Gen: A Global Generational Study: Evolving Talent Strategy to Match the New Workforce Study," London 2013. http://www.pwc.com/us/en/people-management/publications/assets/pwc-nextgen-summary-of-findings.pdf.
2. Robert Walters Whitepaper, Attracting and retaining millennial professionals http://www.robertwalters.com.au/wwwmedialibrary/WWW2/country/australia/content/whitepapers/millennial_whitepaper.pdf.
3. Interview held on July 23, 2015.
4. J. Colman and B. Neuenfeldt, "Everyday Moments of Truth: Frontline Managers are Key to Women's Career Aspirations," Bain Report, June 17, 2014.
5. O. Badiesh and J. Coffman, "Companies Drain Women's Ambition After Only 2 Years," *Harvard Business Review*, May 18, 2015.
6. G. Eliot, *Middlemarch* (London: Penguin Classics, 2010).
7. A. Clark, A. Oswald and P. Wars, "Is Job Satisfaction U-shaped in Age?," *Journal of Occupational and Organizational Psychology*, Vol. 69, Issue 1, March 1996, pp. 57-81.
8. A. Vongalis-Macrow, "Stopping the Mid-Career Crisis," *Harvard Business Review*, September 7, 2011.
9. M. Hamori, "Job-Hopping to the Top and Other Career Fallacies," *Harvard Business Review*, July-August 2010.
10. K. Dychtwald, T. J. Erickson and R. Morison, *Workforce Crisis: How to Beat the Coming Shortage of Skills and Talent* (Boston, MA: Harvard Business Press, 2006).
11. Quote from Salim Ismail taken from exponential.singularityu.org.
12. P. Drucker, *Managing Oneself*, Harvard Business Review, January 2005.
13. E.g., the Senior Fellow Program at IE Business School or at Harvard Business School.

14. http://www.nybooks.com/articles/archives/2011/feb/10/portrait-artist-young-man/.
15. E. H. Fram, "Are Professional Board Directors the Solution?", *MIT Sloan Management Review*, Vol. 46, No. 7, Winter 2005.
16. M. Porter, *The Competitive Advantage of Nations* (Cambridge, MA: Harvard Business School Press, 1990).
17. *Time*, October 23, 1950.

第 4 章
技术与学习相结合

4.1 思维方式转变

与认知心理学和教育科学发展并行的技术正对学习过程和教师使命产生巨大的思维方式转变作用。就传统而言，教育的目标是教学生读、写、算三项基本技能，为一份特定的工作做好事先准备，并培养他们生存于社会所需的技能。

因此，未来的学习过程越来越被看作是发展和加强我们个人素质的一个机会。这才是变化的真正所在。未来，由于技术发展，教育不仅是要获得从事某项工作所需的知识，还要让我们能够帮助培养学生的个性，特别注重他们的能力，调整满足他们需求和能力的学习时间，同时衡量学习过程的结果，以及哪些教学方法能够最好地促进个人和职业发展。

这正是技术能够使学习过程人性化的贡献之所在。有时候我们似乎认为技术是对个性化、亲近性、社交性或人性化的一种障碍，但这是植根于大众观念中的一种谬论，即技术是对人类的一种威胁：例如，自动化破坏了人类的工作机会，简而言之，机器人最终会取代人类在世界中的地位。

将技术与教学相结合，可以对学习过程的人性化产生前所未有的影响。除了让学习适应学生的情况外，还可以让老师更接近他们的学生，而学生也能更亲近老师。它还可以帮助老师，尤其是在完成重复性任务方面，如评估学业成绩、传递基本信息以及回答常见问题等。这些工作靠技术来完成，老师就可以腾出更多时间，专注于对学生有更大价值的活动设计上。

灵活性、适应性、集约性、使用简便性，甚至娱乐性，这些都是混合式学习的特点，它将在线学习和课堂教学法相结合。在线学习的优势在于，它能够通过适应学习者的情况，保持其学习进度，还能使其与其他参与者进行更大程度的互动。

混合式教学方法，无论在大学教育还是企业学习中都能见到。尽管如此，仍然有一些分析人士贬低了在线学习的影响程度，或者认为没有什么可以取代面对面式的教学。[1]但在这一点上，重点要强调的是，我在这里谈论的是高质量的混合学习课程，其在线模块是由具有能进行课堂教学能力的学者提供的，只针对具有高度积极性的小部分学生进行授课。但有些人往往倾向于认为，在线教学就意味着更便捷的模式，即开放式入学、开放式获取以及大型开放式网络课程（MOOC）。

人们也普遍认为，高级管理层反对在线式公司内部培训。这在很大程度上是对的，但我们要自问，这是否只是现在这一代人的问题？对于更熟悉网络环境和移动平台式通信方式的新一代首席执行官们，他们是不是会更容易接受这些方法呢？我们只需回想一下，一个世纪前的董事会房间里，拥有的是华丽的家具、壁炉和其他奢侈品，而再看看21世纪的人，我们依靠的是数字平台、视频会议和其他技术，让全球各地的主管们可以随时进行沟通。

琳赛·林德帕斯说，尽管研究表明在线学习至少可以和课堂教学一样有效，但在教育工作者、人力资源经理和高管中仍然存在广泛的偏见。[2]

有趣的是，大约80%的没有网上教学经验的教师说网上教学的效果不如面对面教学，而大多数有在线经验的教育工作者却说结果是一样好的，至少不差。我们还要补充一点，许多学者认为网络教学最终会导致裁员。

这种对在线教学的偏见也延伸到了许多其他专业人士，特别是高级管理者之中，他们一直按照传统方法在接受教育，倾向于将优质教学与面对面教学联系起来。但正如林德帕斯所说，真正决定课程质量的是教学方法，而不是它们的传递方式："虽然有时关注课程的提供机构可能是对的，但教授方法不应该与机构的水平、其课程或其教学和学习有效性混淆起来。"[3]

无论怎样，简单的事实是，提供混合式课程并将优质在线培训与传统课堂教学相结合的教育机构正在迅速发展壮大。例如，2015年报告《等级水平：美国在线教育跟踪调查》表明，70.8%的首席学术带头人认为，在线教育是他们长期战略的一个关键组成部分（2002年持有这种观点的人数比例为48.8%）。[4]同时，77%的人认为在线培训产生的效果要比传统面对面教学好。只有28%的人认为，他们的教学人员无法接受在线教学的价值。

罗兰贝格咨询公司对企业学习的调查显示，2014年，77%的美国公司在专业培训课程中使用网络学习的方式，而在欧洲，超过3 000家公司使用了这类教学方法。该调查还显示，90%的公司将在2017年使用网络学习平台。[5]

显然，在学员无法参加课堂授课的情况下，混合式学习将在经理人教育中发挥越来越大的作用。因此，问题不是混合式学习是否在未来是有效的手段或者课堂教学和在线教学哪个更有效，而是正如林德帕斯问的那样："在特定学习情境中，最佳模式是什么？"

显然，实现在线教学与课堂教学的正确混合搭配将取决于课程目标、参与者的条件、所教授的内容、学员的能力和技能，甚至取决于成本、基础设施以及教师在线教学的能力等。

4.2 混合式学习的相对优势

1999年，大量的大学、商学院、初创企业都以面授教育为主，而新的营利性机构则加入了网络教育学习领域。这似乎是一个充满希望的新领域，吸引着新老玩家，他们看到了网络学习所带来的优势，在增加了教学方式的种类的同时也降低了成本。

因此，一些机构便匆忙投入巨资开发网络学习平台中。一个值得注意的案例就是UNext。它由几家商学院和个人投资者创建，是一家B2B公司，专注于为行业开发和讲授在线课程。据说，UNext曾投入了数千万美元来开发一个既可以分配教育内容也可用于传授在线课程的平台。但这个项目失败了，或许是因为这种做法比企业客户的需求提前了十年，或许是因为其没有看清这一领域竞争优势的基础所在。

在《学习曲线》[6]中，我了解了第一波网络学习公司兴起背景下的UNext的故事，他们试图找出自身所犯的错误和正确之处。根据我在IE商学院的经验，我的一个结论是，竞争优势并不在开发一个教育平台或支持其的技术中体现。教育机构在进入网络学习领域的优势是基于他们在何种程度上能够让他们的教员和课程经理参与在线体验，帮助他们在学习过程中进行各方面的创新，以及能够通过传统的、面对面的方法，在新的虚拟环境中复制和改进教学。在我看来，竞争优势并不在于开发和利用教育平台。

在IE商学院的具体案例中，我们的竞争优势通过在线和混合课程[7]的几项国际排名中的领先地位得到了认可，我们最大的成功经验或许是，从一开始我们就明确地知道，通过混合教学来打造自己的品牌，并不是非要创造一个完全不同于传统方法的全新教学模式，而是要通过在教学中利用技术手段尽可能精确地复制经得起时间考验的教学方法。

IE 的特色混合式教学法在课程开始与结束时结合了面对面教学法，参与者和教师之间的关系发生了另一番变化。在线授课通过视频会议提供同步授课，还通过论坛和聊天室进行讨论活动。这种教学方法的多样性可满足参与者的需求，方便、实用，还有助于课堂和学校里的互动。通过使用多媒体教学法，以及从移动平台获取交互式案例研究和模拟，建立学习圈。

在线教学开发数字平台或学习管理系统（LMS）在教育中不一定可以获得更多收益或具有竞争优势。而且，除非有大量学生或机构使用，这种平台很难获得开发所需的投资。因此，大学通常不愿意使用竞争机构开发的平台，特别是在付费使用的情况下。

事实上，目前大多数教育平台或教育管理系统都不属于传统的教育机构。其中最受欢迎的是 Blackboard，占 34.2% 的市场份额，其次是 Moodle（22.8%）、Brightspace D2L（10.5%）和 Canvas（9.2%）等平台。[8]

越来越多的软件供应商、技术解决方案，以及各种教育应用程序在兴起。鉴于教育领域的发展及其在许多发达国家经济中的重要性，这一行业会如此蓬勃、日益变得复杂也不足为奇。所有教育行业（从中小学及学前教育到高等教育及终生学习）的各家巨头似乎并没有巩固自己的地位，也未能提供广泛的教育解决方案。培生（Pearson），号称是"世界上最大的教育公司"，[9]可能是在这方面尝试最多的公司了。简言之，目前这是一个抵制过度集中的行业，尽管这种趋同的趋势日益增加，不同提供者虽然使用不同技术，但标准大体上是兼容的。

4.3 内容仍然是主要方面吗?

在这个相对多元的背景下,教育机构应当如何巩固自身在实现重大发展和创新机会中的竞争优势?与某品牌相关的教育经验是否会继续增强主要竞争优势?鉴于当今信息的获取几乎是无限的,通过 Openware 发布的教育内容数量庞大,教学内容还是主要的吗?公司还能创造内容吗?赢家在哪里呢?还是说学习管理系统平台可能成为王者?也许某些教育机构会涉足所有这些方面。

照目前来看,很难看出事情会如何演变;因为存在诸多不确定性,而且也缺乏信息和通信技术在教育方面的有效性和可行性的知识。我认为,一些分析人士预测教育领域将出现海啸的反应有些过激了。鉴于公共部门的强有力的严格监管,以及主要利益相关者的普遍惯性和保守主义,我认为目前还没有这个可能。大型开放式网络课程平台可能是最具代表性的参与者,一些人渴望成为传统教育机构所供课程的内容分销者和交付者。我在后文会更详细地分析大型开放式网络课程现象,以及他们是如何扰乱教育的。在这里,我将评估大型开放式网络课程成为主导性竞争对手的可能性,以及参与者能够从教育活动中获取可观收益的可能性。

在我看来,前景广阔的两家大型开放式网络课程提供者是 EdX 和 Coursera。EdX 是由哈佛大学和麻省理工学院建立的,是一个非营利项目,是提供免费教育的教育机构平台,它很可能会成为这一领域的基准。将 EdX 平台用于大型开放式网络课程或其自有课程的合作伙伴会获得课程收益中的 40% 到 60%。目前,教育和企业学习领域的 90 多家机构正在使用 EdX 平台。

Coursera 在教育领域有超过 150 个合作伙伴，投资建立了大型开放式网络课程，其合作伙伴可以获得高达 50% 的收益，尽管合作伙伴将其课程用于内部时并没有达到如此高的收益。

在教育领域，最大的参与者是否会因为害怕错失良机，而匆忙加入这些大型开放式网络课程平台呢？如果出现这种情况，那么领先的大型开放式网络课程提供商可能转而提供培训内容、学习管理系统平台、在线会议和会议应用程序。显然，参加这些大型平台的大学和企业学习单位的竞争优势将基于其学者、课程经理及学习过程的固有特点所提供的差异性。

另一个有趣的趋势是越来越多的社交网络被用作学习平台发布内容，特别是 2015 年收购了 Linda 公司的领英，作为一家在线培训公司，专注于业务、技术和创新技能，此举显然是为了与经理人培训和教育领域建立协同作用："我们的使命是将世界上的专业人士联系起来，使他们更有生产力且更成功。"[10] 随着领英的发展以及日趋完整的个人和专业人士的培训计划的制定，它可能很快就能制定出让其目标实现的课程。

4.4　教师的角色仍是关键

竞争已经开始，教育机构和公司的培训部门需要在新兴的电子学习环境中开放创新。过去，培训教育平台是外部提供者的专利。但规则已经改变，EdX 和 Coursera 将成为这一领域的领军者，混合式学习将创造可观的收益。

在技术和教学日益融合的背景下，教师在教学过程中发挥的传统作用在逐渐转变，今后他们将扮演类似于乐队指挥的角色。新一代的教师不仅要对其学术领域有深入的了解，还要熟练掌握在线教学方法、使用教育平台，以及管理信息和多媒体教材。

吸引教师进入这些新领域并不容易，部分原因是许多学术机构的管理部门需要具备足够数量的法人，才能批准其进行重大课程改革。这种深植于学术界的学院管理方式可能会阻碍新形势下做出快速的转变，或者使学者们难以快速在新形势下实现角色转变。

另一个阻碍采用新教学方法、将技术与教学融合的因素是职称终身制，这种制度使高级学术人员不管他们表现如何、对创新的投入如何都不会影响他们的终身教职。而只有那些真正的学者和坚定教学志向的人，才有动力去改变。

为了实现新教学环境所需的转变，以及赢得最重要的利益相关者的支持，根据Tricia Bisoux建立的公式以及她对该领域工作的专家所做的调查，我给出以下行动建议[11]：

- **实行鼓励教员接受新教学方法的经济措施及其他激励措施**。通常，与面对面授课相比，混合式方法需要教育工作者花费更多的时间和精力。可以按照混合授课等同于两次或两次以上传统授课的比例，来对教育工作者进行补偿。

- **大型开放式网络课程的准备、培训和使用**。让教师参与准备和提供大型开放式网络课程和小型网络在线课程（SNOC），会帮助他们更好地理解和重视在线教学方法，并使他们熟悉所涉及的技术。

- **鼓励转变**。面对面和在线授课可以转化为互动体验，并能超越传统教学形式。这个过程会赢得参与者更好的评价，从而提高教师声誉，而这反过来还能带来更高的薪资。

- **加强学术型人士作为教师的作用**。总的来说，近年来教学被低估了，取而代之的是研究。我一直说，这两个方面必须相结合。考虑到这一点，或许值得重新审视目前大学内部的激励机制，同时承认并重视不断增加的教学活动，尤其在全新在线环境中的活动。这可能是最好的解决方案，例如，在管理学博士项目学习期间，提高博士生对网络教学的认识，并为他们提供这方面的技能培训支持。

- **支持**。在新的在线环境中，还必须投入必要的资源以培养教师所需的教学技能。在这方面，科技公司可通过投资培训来发挥其根本性作用，这符合他们自身利益，因为在此过程中他们也会赢得重要盟友。

技术和教育的融合仍然在为改善学习体验提供新方法。目前，关于在线课程利弊的研究已经很多，如果我们要更深入了解技术发展对课堂学习的迁移过程，就需要做更多的研究工作。

4.5 机器人来了

机器人、复制机、仿真机器人、生物机器人、自动机，等等，叫法繁多；我们人类自文明起源以来，就一直着迷于创造生命，按照我们命令行事。在《伊利亚特》中，荷马讲述了神的铁匠赫菲斯托斯在熔炉中创造了两个黄金少女来陪伴他，并让她们拥有言语和思考力量。在《奥维德变形记》中，皮格马利翁雕刻了一个连他自己都爱的雕像，而雕像最终也获得了生命。20世纪初，乔治·萧伯纳重现了这个故事，故事中，语言学家亨利·希金斯认为他可以教伦敦卖花女伊莉莎·杜利特尔，使其脱胎换骨成为名媛闺秀，当然，他最终还是爱上了自己的作品。

100年后，电影和电视继续反映着我们对机器人技术的迷恋，并突显他们对人类的危害，这些危害往往犹如它们存在一样是情感上无法避免的。雷德利·斯科特的《银翼杀手》描绘了一个反乌托邦的未来，肮脏的工作是由复制人即基因工程生物来做,他们具有许多人的素质,通过编程可生活四年。影片主人公的工作是清除那些"流氓复制人",当然,和皮格马利翁一样,他爱上了她,最终和她一起逃亡,但不确定他是否能让她活得更久,进而便向我们的另一种迷恋——"死亡"进行妥协。公平来讲,也许爱情真的是我们与机器人关系的严峻考验:如果我们能接受和他们之间热烈的感情,那么建立其他情感纽带也仅仅是一小步的事情,如可以在老师和学生之间发展的友谊或其他独特的联结。

到 1968 年,亚瑟·克拉克写了《2001:太空漫游》,同年被电影导演斯坦利·库布里克改编成电影,其中书中说的电脑已在某些商业领域广泛使用,而且还是我们征服太空计划的核心。影片中,一台名为 Hal 的计算机(启发式演算计算机)在星际任务中部分负责运行宇宙飞船。在很多方面,它已是船员中的一位成员,与其人类同事互动,能够表达幽默。但 Hal 很快就开始暗下决定,要一个一个杀死了它的人类同事,直到船长设法将其关机。在其最后充满悲怆的时刻,当它平静下来时,Hal 唱着一首由其人类创造者所教的古老音乐曲调。这个故事突显了我们对机器人的潜在恐惧:它们不可能被真正的信任,总有一天它们会试图接管这个世界。

《机器人的崛起:技术和无工作时代的威胁》一书的作者马丁·福特说,[12] "电脑并没有到接管世界的程度,想想,我们的工作不也如此嘛。"福特说,这种转变的部分原因在于全球化,他看到各大公司迁至薪资更低的地区,而工会衰落也促进了这一过程。其结果是越来越不平等,工资差距不断扩大。所有这些都产生了巨大影响,就业岗位减少,经济复苏需要更长的时间来提供就业机会,长期失业人数激增,这意味着应届毕业生要拿低工资和就业不足。这种情况不仅出现在美国,欧洲也是如此。

第 4 章
技术与学习相结合

技术最初在很大程度上是对那些生产规模容易扩大的行业产生影响，如农业或工业，但随着时间推移，技术最终会影响到许多其他商业领域。正如 20 世纪那样，重复和常规工作是最容易受到技术影响的。随着无人驾驶汽车的到来，自动化将在未来几年改变物流和交通行业。目前，无人驾驶汽车已经在美国和一些欧洲国家进行了测试。与此同时，创造性的活动，以及那些附加值更高的活动，也将受到冲击。例如，复杂软件的开发和算法演化，使得公司管理大数据变得空前简单。

高附加值职业，如财务分析，越来越容易受到自动化的影响，复杂的应用程序可以实时跟踪市场，从而减轻分析人员的传统工作量。尽管如此，对财务经营的最终风险评估这项活动仍然不能轻易地由算法来确定，很大程度上是因为存在各种主观因素。

《机器人的崛起》援引了一项研究预测，即在接下来的 20 年里，美国目前由人类进行的工作中，将有一半将实现自动化。福特甚至认为这一预测过于保守："许多受过大学教育的白领们会发现，随着软件自动化和预测算法的快速发展，他们的工作也正处于不断被自动化所取代的范围当中"。[13]

福特指出，机器已经发达到能够在许多脑力任务或抽象思维中击败人类，其中，IBM 的人工智能 *Watson*，已经在美国流行的智力竞赛节目《危险边缘》中取得了比许多人类参赛者更高的分数。谷歌翻译虽远未达到完美，但现在已在全球范围内被广泛用作基本沟通工具，而一家名为"叙述科学"的公司正在开发更复杂的软件，能够编写句法和语法正确的报告，以超乎想象的速度汲取着广泛的信息，这是作为人类所无法想象的。

叙述科学公司的软件可以撰写文章并进行高度详细的分析，将大量可用信息综合储存在云端，或者由企业和其他组织持有，制定可以用于决策的报告。此外，该软件可以用来写新闻和文学评论，甚至是评论文章，这很可能会让许多记者失业，或者让有创业精神的编辑们和少数几个关键员工，就可以完成新的在线出版物。[14]事实上，福特指出，一些注明的主要出版物已经在使用这种软件了。考虑到未来，美国中央情报局已经投资了叙述科学公司，大概是希望能更好地利用它所产生的海量数据。

但其他学者认为，福特所说的机器人掌控世界被夸大了。例如，巴布森学院信息技术与管理学杰出教授托马斯·达文波特认为，即使在自动化程度最高的行业中，传统工作也会继续存在。[15]他说，自动化需要时间来实现，与此同时，新的工作岗位也会随之出现。更重要的是："在各行各业中，都存在着文化、法律和财务方面妨碍自动化推广的壁垒，这些壁垒虽不能避免因自动化而出现的失业，但它们肯定会减缓这一过程。"就连马丁·福特也不得不承认，一些行业对于机器人的崛起是有所防范的，而且与其他学者一样，他认为医疗、管理、工程服务，尤其是教育，都比较不容易实现自动化。[16]

教育维持其原有状态的原因可能有两个：强大的政府控制和监管；（大部分情况下）学术机构运作方式对决策过程的减缓。

福特讨论了大型开放式网络课程的颠覆性现象，但结论是，目前，正如大多数人预测那样，它们还没有对正规教育产生破坏性影响。但我们的象牙塔不会让我们永远免受机器人崛起的影响，因此学术界有必要审视那些可能会被技术取代或补充的教育任务，特别是教学。简而言之，我们真能看到由机器人老师主导的教室吗？

也许不会，但有许多与教学相关的日常活动，可以很容易地通过软件来加以辅助或替代，如阅卷、考试和评估成绩等工作。目前，软件应用在很大程度上仅限于多选题或简单考试，但可以想象到，叙述科学公司的这些程序在阅卷方面是如何工作的。也就是说，即使在技术的辅助下，一个学生的最终评估，也需要一个更为复杂的分析过程，而只有教师才能圆满地完成这项分析工作。

但正如福特所指出的那样，即使是在使用电脑减轻工作负担、减轻诸如批改考试试卷等枯燥乏味的任务时，许多学者还是会有很大疑虑。2013年，美国各地学者签署了一份请愿书，反对引入自动论文评分（AES），他们被称为"反对在高风险评估中用机器给学生论文评分的专业团体"。组织者都来自美国一些最负盛名的学术机构，他们拒绝自动论文评分，称其为"过于简单化、不准确、武断和歧视"，他们还引用研究结果来证明其观点，但没有提供具体实例来说明学生的论文内容被标错了。

当涉及一对一的活动时，如指导、辅导和导师制，目前仍然没有开发出完全可用的软件，而进展也似乎并未到达中期目标，也只是将活动重点放在了传递信息、测试知识以及加强学习过程的自助活动上。辅导老师动机设计环节的好处是不能与由人工智能项目所提供的有限回复相比较的，如EMOSpark，它可以分析90种不同的面部表情，从而使自己能表达出相应的情感，发出对应的诸如问候、鼓励和支持等信息。[17]

很容易看到，无需亲自当场参加的授课很快就会被大型开放式网络课程、视频会议、各种格式的录音以及其他解决方案所取代。这在"翻转课堂"现象中已经很明显了，它是一种通常在网上教学的混合方式，将作业等活动移入课堂，从而创造出更具吸引力和深度的学习体验。要想让这种方法奏效，教师必须能发挥超出了算法范畴的创造性作用。

翻转课堂提高了学习积极性，在课堂教学和个人工作之间进行联系，帮助理解和应用思想与概念。在很大程度上，学习就是重复和寻找吸收知识的方法，而翻转课堂正是能够提供这方面帮助的方法。

同样，诸如案例研究这样的互动授课就要求教师反复协调辩论活动，这个角色不太可能让机器人来做。但老师可以使用计算机程序在课堂上设置时间限制，监控参与其中的学生，并帮助他们评估学生对讨论所做的贡献。

再有，人工智能机器在涉及与事实、数据和信息相关的活动时，更有可能管理课堂，对于机器而言，这些更容易识别。但目前，大多数此类机器都无法处理包括抽象思维、概念和更多原创思维在内的文稿，而所有这些正是识别最聪明、最优秀学生的内容。

有一种应用程序可以利用快速确认测试，衡量学生的学习和理解程度。随着时间推移，这种应用程序无疑会得到完善。我们也可以设想更复杂的解决方案，使教学适应学生的习惯与品味，以及他们独特的思维方式。例如，对于一个具有艺术倾向的学生而言，数学可以在绘画或建筑的背景下来解释，而更多以行动为导向的学生则可以通过使用体育实例来学习。使用专业技术的益处已经在教授某些不太合群的群体（如自闭症儿童）时显现出来。[18]

此外，技术还可以将课堂教学转化为可以实时接触到内容、信息和意见的状态，同时允许任何来宾以虚拟方式参与其中，不管他们身在何地。同样，分散在世界各地的学生相互交流有利于课堂学生的多样化，带来相应的学习益处。许多大学开设课程或研讨会，让自己的学生通过流媒体与其他学习场所的学生进行交流。例如，小型网络在线课程，即全球高端管理联盟部分学校所开发的课程，通过利用这种方法，允许来自世界各地会员商学院的学生参与到课堂中来。

将所有因素考虑在内后，我感觉技术不是零和游戏。考虑老师和技术或机器人和软件之间的关系是没有意义的；相反，它们应被视作互补关系，目标是提高学生的教学和学习体验，最终全面提高教育水平。现实中，教学技术应该是教师技能的延伸，这意味着在未来的某一天，我们可能会看到生物技术整合的结果。比尔·盖茨是将技术引入教育的最大投资者之一，他在他的《未来之路》一书中提出一个问题，即教师是否应该或是否能够被技术所取代，答案显然是否定的。[19]

最好的教育工作者的创造力、原创性和真诚等品质不是能被机器人所复制或被编入人工智能机器中的。任何怀疑这一点的人都只需要回想其学院或大学时光，以及那些特殊时刻，这些多归功于某位授课技术熟练教师的耐心和启发。我们真的要相信机器或算法能够帮助塑造我们的性格或启发我们去追求一种特定职业吗？

在伍迪·艾伦导演的1973年经典喜剧《傻瓜大闹科学城》中，未来世界的居民拥有一台机器，即高潮诱导器，这是一个足够大的胶囊，足以让两个人产生近乎瞬间的性高潮，似乎不需要任何身体接触。因此，我们可以看到，这个文明的成员已经变得无性能力了，而传统形式的性也被遗弃了。

让我们想象一下，我们可以创造一个类似的机器，但这一次具有教导属性，被称为教育诱导器，一个可以容纳学生的胶囊，学生可以在几分钟内学完整个大学学位课程，习得百科全书的内容，或学会无限的新语种。这种教育方式的问题，就像性高潮诱导器对性的追求一样，我们会失去学习体验、努力探索，以及做出选择和思考所带来的好处。从老师那里学习知识不仅涉及最终结果，即是否适合学习理论或语言，还涉及途经的路径和带我们到达目的地的手段，它应该是令人愉快的、令人满意的，而且我们的个人发展应该和所累积的知识一样有其应有的价值。正是出于这个原因，那些将技术视为捷径、作为学习过程替代品的人都是错的；与我们所学东西的价值相比，我们的学习方式同样也有其价值。我们可以把教育看成是一段持续一生的旅程，我们到达目的地后习得的知识和沿途的经历体验是一样重要的。

4.6 认真对待大型开放式网络课程

高等教育的捍卫者和批评者之间展开了一场激烈的辩论。前者预测，大型开放式网络课程会像海啸一样横扫高等教育[20]；而后者则反驳说，大型开放式网络课程只不过是给教育带来了一阵微风。这里，让我来概括一下我的立场。我相信，大型开放式网络课程会继续存在，而且它们将以多种方式补充传统教育，只是长远来看，它们的全面影响是渐进、可见的。

三年前，当大型开放式网络课程平台出现时，教育分析师们思考了这些新教育产品带来的颠覆性影响，至少有三方面：

- **大型开放式网络课程将提供免费和普遍的教育机会**

这个命题并没有变成现实（至少现在还没有）。尽管互联网上有许多免费提供的大型开放式网络课程，但在许多国家，宽带仍受一定限制或非常昂贵。教育普及世界人口（不论身处何地或财富如何）的崇高梦想，在未来可能可以实现，但目前仍是人们追求的梦想，而且这也不仅仅是教育工作者们的梦想。此外，截至目前，统计数字显示，在参加大型开放式网络课程的学生中，大部分是大学毕业生，甚至是研究生，因而拥有较高的购买力。

- **大型开放式网络课程将取代或代替正规教育**

这种情况还没出现，但问题是这种情况未来是否会发生。目前，很少有正规大学会认可大型开放式网络课程的学分。大学正式认可大型开放式网络课程的过程可能会很漫长，除非有明显的潜在额外收入流转

（但事实并非如此），但条件是要涵盖有关学习过程质量的所有方面，如入学和评估等。此外，或许是最主要的问题，雇主们似乎并不认为大型开放式网络课程是可以与大学传统学位学习过程比肩的。即使是商学院的学生对这类课程的认知也存在疑惑。[21]

但最根本的问题是，大学正规教育包括知识传授之外的许多不同内容。以目前大型开放式网络课程的形式而言，很难复制大学学习的丰富体验，包括所有周边的学习服务和与所有教育利益相关者的互动。大型开放式网络课程参与者的高退学率（约为总入学人数的85%）也反映了这个问题，这与正规教育课程没有任何可比性。

- **大型开放式网络课程将降低高等教育成本**

这一点还有待观察。大型开放式网络课程的开发和教授成本也可能会很高，有3000美元的非常基础的课程，也有高达25万美元的高级课程。如所讨论的那样，鉴于大型开放式网络课程并没有取代传统学位，大学开设大型开放式网络课程的成本必须增加到实施现有常规课程的成本当中。

同时，仍然存在一个问题：大型开放式网络课程运营商的商业模式应该是什么样的，它们如何才能产生必要的回报率，以弥补研发和交付相关课程投入的较高成本？我认为有三种不同的方法可用于开发一个可持续的大型开放式网络课程平台：

（1）宣传或交叉销售服务，类似于某些数字媒体的做法。

（2）对某些课程收费，或渐进式收费，比如当学员获得更多服务时，如导师、证书或专业建议等。但这样做就忽略了大型开放式网络课程最初的座右铭：为所有人免费。这是大多数用户理解的一个主张，对于他们是否会为此买单的假设命题，谁（从我们在IE的经验来看）又会为之解答呢！

（3）公共机构的资金支持或募集，是一些欧洲门户网站所选择的做法，它们集合了公立大学的开放式网络课程，但这并不适用于大多数大型开放式网络课程公司，因为盈利才是它们的目的。

既然大型开放式网络课程并不是对大学正面的、毁灭性的威胁，那么，我们如何才能从中受益呢？我在这里列举一些它在教育活动中的潜在用途：

（1）**补充常规课程**。鉴于课程持续时间的压力，尤其是在商学院经理人中，大型开放式网络课程可以为课堂外或超出课程核心领域的方面提供更深层次的内容。此外，这些课程还允许学生在上课前复习内容，并在课堂上花时间去梳理细节。

（2）**提供知识**。大型开放式网络课程非常适合于预备知识模块，这些模块可以将参与者的知识水平标准化，也可以提供大多数管理学科的入门知识。

（3）**改善和提高机构声誉和全球知名度**。大型开放式网络课程学员数量庞大且不受地理范围限制，这为机构提供了树立国际品牌声誉的独有机会，尤其是在大学较少的地区。

（4）**探索市场营销的主动性和接触潜在学员**。大型开放式网络课程分销渠道可以为未来的学生提供传统课程和入学机会。我们所要注意的就是，这些渠道是否比其他营销方式更有效。

（5）**让教员接触新方法**。教员、同事和助教都可以从大型开放式网络课程采取的教学方法与技术手段的独特整合中有所收获，包括处理大规模学生群体的经验。

我非常确信，大型开放式网络课程的影响对大多数大学和商学院来说都是非常积极而正面的，从本科课程到高管教育的非学位课程都是如此。我力挺大型开放式网络课程的另一个原因是：未来教育应该是混合式教育。[22]

注释

1. P. Hunter, "Why MOOCs and Executives Don't Mix," *Management Issues*, 28（April 2015）. http://www.management-issues.com/opinion/7051/why-moocs-and-executives-dont-mix/.
2. L. Redpath, "Confronting the Bias Against On-Line Learning in Management Education," *Academy of Management Learning & Education*, Vol 11, No. 1, 2012, pp. 125-140.
3. Redpath, "Confronting the Bias," p. 27.
4. I. E. Allen and J. Seaman, "Grade Level: Tracking Online Education in the United States," February 2015. http://www.onlinelearningsurvey.com/reports/gradelevel.pdf.
5. Roland Berger, "Corporate Learning Goes Digital: How Companies Can Benefit from Online Education," May 2014. https://www.rolandberger.com/media/pdf/Roland_Berger_TAB_Corporate_Learning_E_20140602.pdf.
6. S. Iñiguez de Onzoño, *The Learning Curve: How Business Schools Are Reinventing Education*（London: Palgrave Macmillan, 2011）, pp. 75-79.
7. *The Economist*, Executive MBA Rankings 2015, http://www.economist.com/whichmba/executive-mba-ranking/2015. *Financial Times*, Online MBA Ranking 2015, http://rankings.ft.com/businessschoolrankings/online-mba-ranking-2015.
8. ELearning Industry, "Choosing An Online Learning Platform: Which Makes Sense?". http://listedtech.com/lms-market-share/.
9. www.pearson.com.
10. Mission statement of LinkedIn, as formulated by Jeff Weiner（www.linkedIn.com）.
11. T. Bisoux, "The Blended Campus," BizEd, July-August 2014, pp. 17-22.
12. M. Ford, *The Rise of the Robots: Technology and the Threat of a Jobless Future*（New York: Basic Books, 2015）. References to this book here are made to the Kindle version.

13. Ford, *The Rise of the Robots*, location 147.

14. An article in *Wired* mentions this software. See S. Levy, "Can an Algorithm Write a Better News Story Than a Human Reporter?", *Wired* April 24, 2012. http://www.wired.com/2012/04/canan-algorithm-write-a-better-news-story-than-a-human-reporter/.

15. T. H. Davenport, "Just How Serious Is The Automation Problem?", *The Wall Street Journal*, May 20, 2015. https://www.linkedin.com/pulse/article/just-how-serious-automation-problem-tom-davenport.

16. C. Benedikt Frey and M. A. Osborne, "The Future of Employment: How Susceptible are Jobs to Computerization?", 17 September 2013, Department of Engineering Science, University of Oxford, Oxford, UK. http://www.oxfordmartin.ox.ac.uk/downloads/academic/The_Future_of_Employment.pdf.

17. S. Adee, "Say Hello to Machines that Read your Emotions to Make you Happy," *New Scientist*, May 14, 2015. http://www.newscientist.com/article/mg22630212.900-say-hello-to-machines-that-readyour-emotions-to-make-you-happy.html.

18. T. R. Goldsmith and L. A. LeBlanc, "Use of Technology in Interventions for Children with Autism," *JEIBI*, Vol. 1, Issue 2, 2014. http://files.eric.ed.gov/fulltext/EJ848688.pdf.

19. B. Gates, *The Road Ahead* (Spanish edition: *Camino al Futuro*) (Madrid: McGraw Hill, 1995), p. 182.

20. www.nytimes.com/2012/05/04/opinion/brooks-the-campustsunami.html.

21. www.ziprecruiter.com/blog/2014/06/09/do-employers-takemassive-open-online-courses-seriously.

22. Della Bradshaw, "What Moocs Mean for Executive Education," *Financial Times*, May 11, 2014.

第 5 章
衡量高管培训的成效

5.1 寻找经理人教育的投资收益率（ROI）

直觉、经验及无数调查表明，人才培养与公司对其经理及总监的培训投入直接相关。但要证明对培训课程的专项投资为公司业绩带来可观的利润，则是另外一回事。[1]

阿什里奇商学院为国际高级管理培训大学联盟（Unicon）开展的一项调查表明，88%的参与调查的人力资源总监认为"人力资源专家必须在今后提高经理人教育的回报方面做得更好"，同时其他部门则表示教育能带来可通过某种方式度量的其他无形资产。[2] 调查还表明，43%的人力资源专家认为在很多情况下，客观计算出经理人教育项目的投资收益率不太可能实现，并得出结论：找到一种客观计算投资收益率的方法与寻找圣杯一样困难。

长期以来，首席学习官（CLO）一直都在探索如何更好地衡量其公司针对经理人开展培训和发展项目的影响以及这些项目有无增加公司盈利。令人遗憾的是，公司在这方面努力的结果似乎一直都不尽如人意。或许只是还没有模型能够在经理人所受的高质量培训与公司净利润之间建立因果关系。企业社会责任（CSR）也基本如此：公司是因为投入 CSR 而获得更多的利润，还是因为公司的利润比未投入 CSR 的公司高而投入

CSR 的？事实上，这两者之间存在一定的关系，但并不意味着是因果的必然关系。基本上相当于先有鸡还是先有蛋的问题。

我很理解 CLO 面临着从投资收益率的角度证明培训必要性的压力。就拿分配公司资源的其他方面来说，需要给出一个经济学解释，而不仅仅是"教育造就人才"这种定性论证。CLO 喜欢将事情简单化，用 CFO 的语言交谈。

然而，寻找培训投入与公司净利之间关系的神奇公式仍然不得而知。除非今后找到可以建立联系的新方法，或加上定量和定性分析的公式，目前唯一的希望就是努力将培训投入与相关经理人的个人发展关联起来，通过教育转化成经理人的知识或管理技巧。

本章从个人和企业两个角度评价了培训对企业绩效和价值创造的影响。对于个人，通常最常用的方法是衡量在多大程度上成功实现了培训目标。而对于企业，则是考察鉴定或验证企业内部培训所用的系统，以及企业专门用于内部培养人才如企业大学的总体结构。如前所述，这基本上是定性分析，但其对公司业绩的影响也是不容置疑的。

评估培训的影响可采用两种主要方式。第一种方式侧重个人或学员的提升，主要度量其在获取知识或培养新的管理与人际交往技巧方面的进步。第二种方式则是基于人力资源部或企业大学活动的质量评价，主要评估这些活动是否契合公司战略、对公司发展的贡献，以及一般来说其作为企业学习型组织的积极性与活力。

5.2 评估教育对个人的影响

以前，衡量培训对个人影响所用的范式为唐纳德·科克帕特里克（Donald Kirkpatrick）所提出的四层级评估模型。[3]对于这四个层次或不同评估领域，它们排序的依据是其复杂度、简便性，以及是否能得以实施。

5.2.1　第一级评估

第一个层次评估学员对课程的反应及满意度。通常，这一级评估的效果通过课后调查来衡量，课后调查需记录学员对教师能力（如沟通、知识学问、对学员的关注度等）的评价意见、培训教材的有趣程度或有用程度。这是最常用的方法，很可能也是 CLO 最看重的方法，因为 CLO 必须要开设一些学员感兴趣的课程。

如此重视评估调查最大的风险在于，其可能高估教授的教学效果："明星学者"和专家更倾向于讲授非常有趣、有娱乐性的课程，尽管鲜有证据表明更好的学习体验与学习的努力程度以及一定技能的培养或开发有关。但是，一个简单的道理就是必须进行满意度调查，经理人培训课程讲师满意度必须达到 4.5（满分 5）及以上或 8.5（满分 10）及以上的分数。我们深知，公司总监都是在工作之余参加这类课程的，有时甚至放弃闲暇或与家人共处的时间，也就是说 CLO 希望这些课程既有趣又有用。满意度调查结果差不仅会影响提供课程的教学机构的老师，也会直接影响到 CLO 的可信度。

5.2.2　第二级评估

第二个层次评估侧重学员从课程中学到了什么，主要考查知识和技能两大方面。对于知识方面，倾向于分成概念、模型和想法，其衡量方式为角色扮演练习、考试、测验或测试，以及将知识运用到实践中（如通过参与项目或解决问题）。

关于技能获取方面，很难去衡量，尤其是在与人格（如领导能力等）相关的能力方面。也就是说，个人能力会随着时间的推移有所提高且变得可度量，如口头和书面表达能力、团队管理、时间管理、职责分配等。

5.2.3　第三级评估

第三个层次评估培训对学员行为的影响。这种方法中存在的第一个难点就在于，行为的改变只会随着时间的推移而表现出来，但 CLO 及其他部门领导则亟须在短期内见到成效。

第六章中我们会看到公司不得不缩短公司内部培训时长，这就使培训课程更加难以对学员行为产生积极，因为行为的改变依赖于反复的练习和体会，深入内心并将前、后情况加以对比。延长教育时长以使行为改变的一个办法是将培训与工作连成一个统一体，如定期（课程结束后一年）进行讲习或模块练习。

5.2.4　第四级评估

最后一个层次旨在评估培训课程对个人和集体的综合效果。这种效果本质上通常是定性的，如提振士气、更好地了解公司宗旨和价值观、更加关注客户或利益相关方的需求。要衡量培训课程的效果，可了解参加课程的学员所在部门的销售业绩增长情况，或了解授课期间所讨论或构想的新业务的开展情况。

有一点是可以肯定的：不可能指望让培训课程立竿见影。我记得有这样一个案例：一家中型医疗用品公司，算是所在地区的龙头企业，委托我们商学院为其有潜能（很多是在销售方面）的总监和主管开办为期一年的管理技能课程。CLO 一心期盼着开课后几个月内销售量有所增长，但这种情况并未发生，究其原因，很大程度上是由于学员对课程的专注度以及课程的强度不够。然而，课程结束后一年，销售量较前一年同比增长 25%。除此之外，更多有潜能的总监和主管继续留任，他们认同公司目标，士气高涨。逻辑上而言，假定这只是一家中型企业，总监和主管不到500人（尽管已制定多样化增长计划），我们建议每两年重复开设一次课程，以免课程投入度与销售增长之间出现任何不匹配的情况，进而影响到公司业绩。

还有其他方法可以衡量培训课程对学员和公司的影响。例如，一家开发软件的跨国公司，根据学员晋升为副总裁的人数来衡量两所著名商学院所授的课程是否成功。[4] 但这种方法也遭到质疑：该课程是否能与其他商学院的类似课程一较高下？该方法可以同时衡量多个课程吗？另一方面，选定学员中有没有不需要通过课程培训即可胜任副总裁职位的人？如果答案是肯定的，那么培训课程则是一个很好的平台，可以测试其能力和领导力，甚至提高其职位。

即便如此，将课程当作少数人的选拔手段则可能会歪曲学习过程，增加竞争压力，并且让那些虽未晋升但可能会继续为公司做出宝贵贡献的人的价值受到低估。

如前所述，可以在科克帕特里克的评估方法内制定相对精良的机制。评估培训的第一、第二层级以及第四层级中部分个人或集体效果的影响较为容易。紧接着，就会出现下列问题：集体目标达成与特定培训课程之间是否有直接因果关系。也就是说，第三个层级，即评估课程对行为的影响，似乎会产生许多问题：课程需要持续较长时间，或课程结束后几年内需对学员进行监测。如果课程为期较长，则需包括辅导课程，帮助具有最佳潜质的候选人晋升到高层任职。

一份可信的评估还需要在课程设计中包含其他利益相关方，尤其是高层管理人员。其含义就是：明确课程目标，课程如何契合公司战略，预期学习效果怎样，采用什么方法，当然还要实施监督机制以便分析培训随着时间的推移而产生的影响，而不仅仅是授课后的直接影响。

尽管科克帕特里克的模型在衡量培训成本效益方面起了个好头，且仍广为使用，但其局限性也愈来愈明显。主要的批评源于它未能解决诸如以下关键问题："我们做对了吗？我们做得好吗？"[5]这个模型使用起来非常简单，且可提供一种系统性工具用以演示给公司其他业务部门。此外，第四个层次，有助于衡量公司是否实现其目标，这对人力资源总监来说很有吸引力，因为它将人力资源部的举措与公司净利润直接关联起来。

也许科克帕特里克的主要贡献在于催生出其他深入研究这四个层级中每一级的评估体系，同时也找出其他方法来衡量培训对个人和公司的影响。麦肯锡公司针对人事经理展开的调查（衡量培训的影响）表明，上文所说的问题在决定与哪家课程供应商合作时相当重要。即便如此，只有25%的被调查者称其课程有效，公司绩效显著提高。另一方面，有8%称其已有方法分析培训的投资收益率。这项调查得出的结论是：对于一项能对公司业务活动产生真正影响的课程，课程设置中应体现出重要的业务绩效指标。[6]

5.3　从个人评估到企业绩效

商学院经理人教育联盟（Unicon）进行的一项调查[7]显示，有些联盟成员在开设定制课程时运用多种不同的手段，其中呈现出的一种趋势是：在设计阶段采用多样化和互补性的体系，并服务于人力资源总监的既定目标。评估体系不再仅仅关注学员人数及其各自的费用或满意度，而是将更多定性和复杂的议题考虑在内，比如：授课中所讨论的且随后付诸实施的想法，或哪些管理模式后来被公司在制定关键决策时使用到。

贝恩咨询公司（Bain Consulting）的费雷德·雷切尔德提出另一个度

量模型——净推荐值（NPS），这种模型更多地关注学员的满意度，主要依据学员对下述问题的回答，如："你向同事推荐这个课程的可能性有多大？"所给的回答可划分为推荐者（得分在 9~10 之间）、被动者（得分在 7~8 之间）和批评者（得分在 0~6 之间）。净推荐值的算法是从推荐者所占的百分比中减去批评者和被动者所占的百分比。该体系清晰明了，人力资源总监可根据多数人的意见做出决策。

然而，正如上文讨论过的，这种方法对专家和杰出教师有利，因为他们都是出色的沟通者，但其课程可能与公司战略需求没有太直接的关系，或不能反映出公司组织的特异性。该体系不一定会伤害到学习量大的课程，但如果课外作业直接关系到其日常工作挑战或近期可能会接受的任务挑战，这就的确需要学员付出更多努力。经验告诉我，那些需要学员在课外额外学习的任务，如课外阅读等，则会对学员的满意度产生负面影响，因为他们不会意识到这对他们个人进步大有裨益。

另外，Unicon 的调查也对三所商学院采取的方法进行了考查。沃顿商学院继续在结课后评估其课程。学员确定他们打算在今后 6~9 个月内要做的三件事情，沃顿商学院每个月与其联系一次后绘制进度表。相关信息随后发至其工作单位，但未写明学员姓名。

杜克企业教育学院（Duke CE）与其客户合作，共同制定既定课程的目标，并称之为"设计出成果"。在五个后续阶段，杜克企业教育学院的代表将与客户一起见证课程的结果。参与该课程的教师、辅导员和主讲人都清楚课程目标，并竭力让其讲授的内容服务于这些目标的实现。此外，还建立了若干机制，用以衡量他们在何种程度上成功实现这些目标以及所用的时间周期。

通常，我们可以看到，这些度量体系正在顺应公司需求、公司战略、人力资源总监的需求，同时与现有评估方法加以比较。但是，这种定制性越来越强的方法也受到一些人的质疑。瑞士洛桑国际管理学院（IMD）的院长多米尼克·涂尔攀认为，公司最好选用标准的高级管理人员技能评估模型，实际应用中可以借鉴积累的经验，且可与业内其他公司进行对比。[8]涂尔攀看到：一旦进行标准评估，则定制化度量工具的发展就有了空间，它可以创造出一些模型，用以度量领导力培养或组织技巧，而这种情况也符合公司的战略和目标。

人力资源管理中的标杆管理实践可以成为参与课程的公司的双赢体验。例如，IE商学院的人力资源部成立了一个俱乐部，其成员均为西班牙的龙头企业，俱乐部为这些企业提供一份报告，其中详述了业绩中的最关键要素；同时针对每一家公司提供一份个性化的、确定基准的报告，其中包括一系列人力资源指标的设定。

5.4 评估企业学习单元的绩效

企业学习部门（CLU）在过去三十年里取得了显著增长，特别是在大型公司内部，而且似乎会在将来发挥更大的作用。如我们所看到的那样，在某些情况下，这些CLU的运行方式类似于企业大学，但也有其自己的特色、校园、特定课程，乃至自己的师资团队（即使讲师主要隶属于其他院校）。

在CLU增长的同时，认证和质量控制体系也在发展。与此同时，一些企业大学通过培训其团队来寻求增长，并努力吸引外部学员。由于业务活动和外部影响都有所扩张，因而需要取得正式认可，且需要获得传统大学的认证，以便能在公平的环境下参与竞争，吸引学员和教师，并获得研究经费。

一些评论员甚至表示企业大学可能会成为传统大学的直接竞争者。

15 年前，戈登·汤普桑曾写文称："官方认可的学位授予机构在 20 世纪 70 和 80 年代取得的快速发展是由企业赞助商创造并维系的，这不禁引发了我们的推测与思考：未来将会有更多的企业大学，可能会对老牌大学和学院构成重大的竞争与挑战。"[9]

这一论点得到美国教育委员会非大学赞助教育项目（ACE/PONSI）的支持，该机构决定认证由约 250 个不同组织机构开设的课程，其中包括麦当劳、福特汽车和贝尔电话，并建议为这些课程给予相当于大学课程的学分。[10]

还有更多此类计划正在实施当中，旨在正式承认机构内部的学习课程，同时让因参加此类课程而获得的学分具有与大学课程学分同等的价值。一些认证机构也在扩大其认证领域，例如欧洲管理发展基金会（EFMD）的企业学习改进流程（CLIP）体系和德国的 FIBAA 认证商学院，但现如今这两者都认证 CLU。[11]

另一值得一提的趋势是承认学分，在公司实习或其他非正式学习过程中所获得的学分相当于大学课程所获学分。研究一致认为：经理人可在日常工作中学习，通过观察其他经理人从同事那里学习，可以从生活经验中学习，而且通过这些方式学到的知识与管理培训课程中学到的知识一样多，甚至有可能更多。[12]

理查德·迪尔特里评论说："认证已经从高度体制化的、正式的'校园认证和学分认证'概念转为新式的、以学习为依据的认证，即考查'实时事件中的有机学习经历'。"[13]

5.5　企业学习认证体系：企业学习改进流程（CLIP）

企业学习评估领域中最近出现的最有趣的体系之一就是欧洲管理发展基金会的企业学习改进流程体系，到目前为止，该体系已经认证了 18

家跨国公司的 CLU，其中绝大多数位于欧洲，尽管 CLU 最初是从亚洲及其他地区发展起来的。CLIP 认证程序侧重 CLU 的活动及其与公司战略的契合程度。作为一种同行评审体系，最终决策由认证机构（由四名企业代表组成）做出。

CLIP 是由商学院认证体系 EQUIS 提出、人力资源总监和 EFMD 成员联合发起的机构。CLIP 认证体系有 35 项质量标准，分为八章，着眼于 CLU 在执行公司总体战略时承担的使命、CLU 的课程、CLU 的资源以及外部供应商管理，也就是说这些教育机构分包提供课程，且倾向于创新以及全球推广。认证课程包括各候选公司的自我评估报告，同时由同行公司的审计员与专门从事经理人教育的学者组成的小组进行实地探访。

戈登·申顿是 CLIP 的创始人之一，他告诉我，之所以产生 CLIP 这个想法，是因为多家公司要求 EFMD 建立认证体系认可他们的课程；他们需要的不仅仅是咨询或标杆管理。[14] "一家知名公司的代表对我说：'外部认同对我们来说很重要'，"Shenton 如是说。与大学认证体系（他们寻求外部批准提高其知名度，并以此来推销自己）不同的是，企业对 CLIP 感兴趣是因为他们想要其他组织机构认可其培训课程，尤其是那些针对高层管理人员的课程。这个想法主要是为了使其人力资源政策合法化。

从一开始最具有争议性的问题之一就是如何设计出一种认证体系并在其中保留不同行业、不同国家和不同战略的公司之间既有的多样性。"你不能将学习型组织模式化：没有任何一种解决方案能适用于全部情形，"申顿说道。企业界尤其如此，每家公司都有自己独特的文化、结构和业务活动。正如其他认证体系那样，所面临的挑战就是设计出一种体系，且这种体系可以找出最佳做法，没有过多的监督，且为多样化、创新、甚至改变留足空间。

一些公司已经采用 CLIP 的标准设计出其自己的企业大学。建立 CLIP

认证体系的基本原则之一就是有效性：CLU 在何种程度上满足其目标及公司战略。此外，CLIP 还评估了 CLU 的组织结构：有哪些部门，以及它们是否有足够的资源——财务资源和人力资源。同时 CLIP 还着眼于其活动是否能转化为一系列课程和服务产品。例如，企业大学总是会提供很多东西，不仅仅是课程；它们在传播企业知识和文化的同时，也可以充当咨询公司的角色，同时给予经理人辅导和指导。CLIP 有效地将公司内部培训服务的价值链连接起来。

CLIP 认证体系看重的其他方面就是培训和课程发展的目标以及最终授课情况。例如，如果目标侧重于领导力培养，则需采用的方法有别于侧重于中层管理技能的课程。CLIP 还从细微处观察不同人力资源流程之间的衔接与关系。

CLIP 由认证委员会管辖，委员会由四名定期换任的成员组成。此委员会决定哪些 CLU 符合评审条件，并验证同行评审小组的建议，做出最终认证的决策。

申顿对自己在 CLIP 的经历很满意，预计会出任人力资源部的更高职位。但他又补充道："你不会找到任何一家近乎完美的公司。"他解释说，CLIP 的宗旨并非是要将企业大学与传统大学作对比，尽管的确注意到这两者之间可能联系。该机构也从未考虑过那些专注于培训或所谓的经理人教育中心的认证咨询机构。严格来说，其职责范围针对的是大型企业的 CLU。

该体系刚启动的前几年，很多机构的致命弱点都是培训和发展活动的体制化和接续性。由于公司频繁发生变化，导致人力资源计划/举措出现不稳定情况，申顿补充道："公司高层（如 CEO）变动可能导致人力资源管理和企业大学（CU）发生巨变。在大学的世界里，存在很多惯性、历史连续性和制度连续性。这可能是企业大学的劣势。"而其优势在于许多企业大学能有效宣传企业文化或传播公司战略，尤其是企业并购的情况。

申顿称，未来公司内部学习将在很大程度上取决于与领导力培养和人才管理相关的诸多服务的日益数字化上，还有科技对 CLU 管理的众多流程的影响。而且，力求在个人培养与组织学习（个人与公司）之间以及正规学习（通过企业学习课程和活动）与非正规学习（任务实施、工作中同事教会我们的东西）之间寻求平衡。"不可否认的是，在这个过程中，我们将会在一定程度上失去非正规学习所具有的自发性。与此同时，如果不符合公司利益和目标，非正规学习也不会起到作用。"

申顿还称，CLIP 可适用于世界各地的任何 CLU，但这并不意味着它也必然适用于任何公司。他还指出每家公司均需提出其认为合适的培训需求，且表示随着时间的推移，我们将可能见到更多的权力下放，个体业务部门管理其各自的需求。他又补充道，跨部门进行培训时，请务必注意合理性，这一点至关重要。在某些公司，人力资源总监与企业大学负责人是同一个人，如果我们讨论的资产是人，那么这样安排堪称完美。而难点则在于对其职责的整合。

5.6　公开课程的未来：瑞士洛桑国际管理学院（IMD）

瑞士洛桑国际管理学院位于洛桑市，是世界上知名的经理人教育中心之一。该校的院长多米尼克·涂尔攀在强化公开课程（因其创新性而广受好评）的同时，一直在亚洲寻求扩张战略。[15]当被问及公开课程领域最明显的趋势时，涂尔攀指出以下四点：

第一，不同参与者之间的竞争激烈程度加剧且不断升级。例如，在 2015 年下半年，涂尔攀及其团队在亚洲推出 120 种新课程。涂尔攀说，由于能力问题，尚不清楚所有这些商学院是否都能存续下来。

第二，尚不清楚课程真正的区别是什么，但的确呈一定程度的商品化。另一方面，即使创新型方案会随着时间的推移而慢慢传开，一些竞争对手还是能迅速进行复制，这就意味着即便作为开拓者也没有太大的优势。

第三，越来越多的公司削减其经理人在公开课程方面的开支，转而投入公司内部课程，后者周期更短且侧重实现公司特定目标。

公司减少对公开课程的支出意味着是否参加公开课程将由个人做决定，而这会在市场营销方面产生重大影响。针对经理人的公开课程的吸引力在于经理人可将更多的时间用在工作场所，而非去参加纯粹的课堂教学。涂尔攀称，经理人偶尔需要一些辅导以充分吸纳公开课程的知识，将其与课堂教学混合起来则是一个好办法，尤其是在初期阶段。归根结底，涂尔攀认为，面对面的课堂教学无可取代，它让学生可以与同学讨论问题，尤其是在高层管理人员之间。在他看来，针对中层管理人员的公开课程会有较大市场，但竞争也相当激烈。

尽管近年来咨询公司也涉足经理人教育行业，但涂尔攀认为，商学院有其优势：公平公正，且有较好的师资和课程专员。有证据表明如果客户要求学者和咨询顾问混杂授课，商学院的老师要明显胜过他人。"咨询顾问趋于提出解决方案，而老师则会教你如何找到解决方案，"涂尔攀说。之后又补充道：他并不认为咨询顾问会全心投入于教学，因为教学并不是咨询顾问的核心业务之一，且教学不会像其他部门那样产生利润。

至于评估课程影响，涂尔攀的经验是，可根据参与者在课程期间创造的单个项目以及他们后来在其商学院付诸实施的项目，进行有效的评估。另外，IMD的课程管理团队与人力资源总监保持联系，后者将其经理人在课程结束后的发展情况反馈给课程管理团队。涂尔攀说，另一种衡量影响的方法是追踪学员后续晋升情况。

IMD 从一开始就与企业大学和企业学习单元密切合作，如和创办人之一的雀巢公司合作。涂尔攀认为，近年来企业大学在投入开发内部课程，正逐渐在竞争中胜出。商学院有机会与企业大学合作，帮助企业大学设计和实施课程。IMD 目前也专门指派了高级管理人员与企业大学合作。

商学院将面临的最大挑战之一是如何吸引和留住优秀教师。IMD 从不将老师划分等级，涂尔攀说："这就避免有一流和二流师资的区分：从事研究且被指派到特定课程的老师；主要负责吸引公司且更接近于高层管理人员的老师。"涂尔攀始终认为那些与企业客户协作的教师所做的贡献是非常重要的。

注释

1. See: M. Buckingham and A. Goodhall, "Reinventing Performance Management", *Harvard Business Review*, April 2015; M. Eiter, J. Pulcrano, J. Stine and T. Wolf, "Same Solar Planet, Different Orbits: Opportunities and Challenges in Executive Education and Corporate University Partnerships," UNICO (Executive Education Consortium), 2014; Bersin by Deloitte, "Global Human Capital Trends 2014: Engaging the 21st Century Workforce," Deloitte University Press, 2015.

2. K. Charlton, "Executive Education: Evaluating the Return on Investment. Bringing the Client Voice Into the Debate," Ashridge Business School and Unicon, 2005.

3. D. Kirkpatrick, *Evaluating Training Programs. The Four Levels* (San Francisco, CA: Berrett-Koehler Publishers Inc.), 3rd edition, 2006.

4. http://www.ft.com/intl/cms/s/2/896cfdc4-f016-11e4-ab73-00144feab7de.html#axzz3sP9uUpKg.
5. R. Bats, "A Critical Analysis of Evaluation Practice: The Kirkpatrick Model and the Principle of Beneficence," *Evaluation and Program Planning*, 27 (2004), pp. 341-347.
6. J. Cermak and M. McGurk, "Putting a Value in Training," *McKinsey Quarterly*, July 2010. http://www.mckinsey.com/business-functions/organization/our-insights/putting-a-value-on-training.
7. M. Eiter and R. Halperin, "Investigating Emerging Practices in Executive Program Evaluation," A Unicon Research Study, September 2010.
8. D. Turpin, "How to Measure and Develop Great Leaders," LinkedIn Pulse, October 12, 2015.
9. G. Thompson, "Unfulfilled Prophecy: The Evolution of Corporate Colleges," *The Journal of Higher Education*, Vol. 71, No. 3 (2000) pp. 322-324.
10. D. R. Hearn, "Education in the Workplace: An Examination of Corporate University Models," *Organizational Theory*. http://www.newfoundations.com/OrgTheory/Hearn721.html.
11. https://www.efmd.org/accreditation-main/clip.
12. C. Prince, "University Accreditation and the Corporate Learning Agenda," *The Journal of Management Development*, Vol. 23, No. 3/4 (2004), pp. 256-269.
13. R. Dealtry, "Issues Relating to Learning Accreditation in Corporate University Management," *Journal of Workplace Learning*, Vol. 15 No. 2 (2003), pp. 80-86.
14. Comments taken from a conversation with Gordon Shenton, October 2015.
15. Comments gathered from a conversation with Dominique Turpin, November 2015.

第 6 章
吸引、培养并留住人才

6.1 在线招聘革命

"希拉里·克林顿加入领英是因为'她在找新工作'",这是《财富》杂志 2015 年年中发布的一个标题。[1] 这篇文章说,这位美国总统候选人做了每个求职者所做的事:注册登录领英或其他使专业人才与雇主取得联系的社交网络。

这些在线平台正在变革企业猎寻和吸引人才的方式,这是人力资源部和首席执行官(CEO)最大的担忧之一,他们都意识到劳动力市场的供需没有得到合理的满足。最近由跨国人力资源咨询公司——万宝盛华公司开展的一项调查表明,全球雇主中有 36% 找不到他们所需要的专业人才。[2] 另一项调查估计,58% 的公司难以猎寻和吸引数字化人才。[3] 与此同时,失业和短期合同影响着全世界数百万人,30 岁以下最难,尤其是在南欧,很多高素质的年轻人无法发挥其潜能;然而,另有一项调查表明,37% 的雇员认为自己对其目前的岗位来说有点大材小用。[4] 这种情况下,社交网络可以做些什么来提高全球劳动力市场的效率?

2015 年 6 月,麦肯锡公司出具的一份报告预测在线人才平台的总值将达 2.7 万亿美元,[5] 相当于 2025 年 GDP 的 2%,且会创造 7 200 万工作岗位。为了达到可以实现上述目标的临界规模。麦肯锡认为，需要静待时机和条件成熟，比如宽带接入覆盖范围更广、人员跨境流动更自由，以及新的薪酬支付方式，所有这些都要由更强大的数据和隐私保护立法体系来支持。

麦肯锡根据在线人才平台的用途、数据使用及功能，将其分为以下三类：

- **个人资料聚合器**将求职者与工作机会匹配起来。这类平台接收简历和基本职位资料，为合适的求职者提供搜索引擎，并将工作机会与用户的技能和经验匹配起来。其中最著名的平台有凯业必达、玻璃门、Indeed、领英、Monster、Vault 和 Xing 等。
- **数字化服务市场**将提供自由职业服务的求职者与临时工作机会关联起来，通过评级或顾客反馈提供求职者能力等信息。其中最著名的平台包括亚马逊家政服务、Angie's List、任务兔子、优步和 Upwork。
- **人才平台**提供用户、公司及个人申请和课程，用以评估求职者的能力和技巧，审查其技术知识和专业知识，并提供相关课程从而提高其专业特长。这类平台范围较大，也包括教育机构、咨询公司和专业提供商。

在线招聘较传统招聘流程有很多优势，在搜寻和雇用阶段以及确定人才时效率更高。从潜在雇员的角度看，在线招聘平台提供更多的工作机会，缩短失业时间，并加快上岗或参与项目的速度。另外，在线招聘平台还可以更快地进入新领域和新行业，同时找出那些可提供更灵活工作条件的就业机会。

从雇主的角度来看，在线招聘的优势在于可以使其进入庞大的全球人才库猎寻人才，利用大数据将工作机会与个人资料更好地匹配，降低交易成本，缩短甄选求职者所花的时间。

在线人才平台不仅使人才寻找和聘用简单化，还更有助于找到具有国际管理经验和数字化技能的人才。因为这些平台与社交网络实现互动。同样重要的是，可以网罗到被动求职者：不主动去找工作但可能在目前的职位上大材小用或对目前工作感觉不满意的人。我们看到，越来越多的专业平台将猎头排除在外，允许公司有选择性地搜索求职者，而不仅仅依赖于其所收到的针对特定职位招聘的回复。

然而，专家则提醒，这些平台并不能解决所有的招聘问题，也不能认为这些平台能够取代迄今为止招聘时必用的个性化方法。招聘专家安迪在其所著的《社交网络招聘：如何成功地将社交网络纳入招聘策略》中写道：尽管市场部和销售部越来越多地用到社交网络，但人力资源部仍对社交网络持谨慎态度。[6] 其中一个原因可能是利用在线平台的招聘人员必须是"良好的沟通者，更好的倾听者，关系建立高手，推销员，营销者，撰稿人，精通社交媒体之人，求知欲强的人，项目经理，拥有丰富资源者，研究人员，谈判者，勇敢且专业人士"。换句话说，不是将其生活变得更简单或更糟，而是使其复杂化，数字化新环境虽然增强了人力资源总监所起的作用，但却需要其掌握比以前更多的技能。

安迪还补充道，公司需要设计出自己的在线招聘策略，且需明确自己想从在线平台中得到什么。这就意味着需要设定一些程序，用以监督和评价社交网络的使用情况，而非简单地采取被动的、"我也一样"的方法。根据公司不同的人才管理战略，社交网络的选择可能完全不同。安迪承认，领英网最受欢迎，它提供最好的可能性，特别是管理人才岗位，但称也可结合使用或单独使用脸书、谷歌、推特，以便于找到更合适的人选。

领英的首席执行官杰夫·韦纳曾在2014年的采访中说道，其公司的目标就是要成为"权威的专业信息发布平台"。[7]他采取的策略是将全球专业劳动力的相关信息汇集到网上，这些人的信息包括他们所工作的公司、工作岗位以及曾就读的大学或教育中心。目前，领英已有来自全世界各个国家的逾3.54亿用户，并提供24种语言服务。领英的出色服务体现在其集团和领英招聘专员，前者将同一个行业的专业人才都聚集在网络上；后者是一个页面，只有那些付费使用领英系统并将其当作网罗和招聘工具的公司才能看到这个页面。2013年《连线》杂志中有篇文章将其描述成"有点像双向镜，公司和招聘人员可以看到所有求职者的资料信息，但求职者却不知道自己正在接受筛选。例如，招聘人员可以搜寻具有特定技能的人，将其作好标记并加入资料库，所有这些过程求职者本人都不知情"。[8]

从长远看，在线人才平台会在劳动力市场引发新趋势，其中最重要的趋势将很可能是使各行各业自由职业者人数持续增加。1995年，美国93%的劳动力在公司担任全职或兼职工作。现如今，自由职业者估计占到公司劳动力的15%左右，到2020年，这一数字将可能增至20%。[9]这种现象与所谓的共享经济同时出现，将会蔓延到其他国家和各行各业，不论规模和类别；但与此同时，在绩效评估、道德和纳税方面也出现了一些问题。但是，在线人才平台推广过程中所遭遇的最大阻碍因素是公司内部采用人才管理体系所花的时间成本。所提供技术在人才管理体系的充分利用，连同随之而来的必要的文化调整和组织变革。德勤2015年出具的一份报告表明，尽管75%的企业认识到人员分析的重要性，尤其是在寻找、吸引和留住人才时，但只有8%的企业将其视为强项。[10]请注意，越来越多的人都在利用智能手机找工作。另一项调查表明，财富500强公司中仅150家拥有为移动设备设计的招聘网站，在这150家公司当中，有108家未将移动手机用户导向到手机页面。[11]但是，考虑到大公司通常都有内部招聘部门，我们可以假设这些公司都将开发自己的内部应用程序，借此寻找适合的人选。

猎头因这场危机而受重挫，且随着在线招聘越来越受欢迎，猎头很可能遇到更多业务流失的情况。但在填补高层职位空缺（保密性、排他性和公司机密至关重要）时，他们仍作为联络人而被需要。2014年，猎头机构在长时间调整后，增幅达11%左右。为积极适应招聘市场的趋势变化，五大公司——光辉国际猎头公司、史宾沙管理顾问公司、海德思哲国际咨询公司、亿康先达国际咨询公司和雷诺仕国际猎头公司——正在扩展人才培养活动类别，对人才的搜寻和甄选加以补充。[12]

在未来几年中，我们希望看到在线人才平台、招聘机构、兼职机构、教育机构甚至政府之间形成战略联盟。这些机构都是相同价值体系的组成部分，这个价值体系可以大致定义为人才的培养和甄选。其共同目标则是训练和培养各行各业的专业人才，并尽可能做到人尽其用。

因此，许多大学制定职业和专业定位计划，使其毕业生主动在线寻找工作机会。如今社交网站也是主流教育不可分割的一部分，数字化环境是共享知识和学习过程的场所，商学院和大学为其学生提供一些培训以掌握领英及其他互动平台的使用方法也是对学生有益无害的。

6.2 应试者的《魔兽世界》技能如何反映出应试者是否适合某职位？

谁会根据其成员的《魔兽世界》游戏技能而雇用一个高层管理团队？回看2008年的《哈佛商业评论》，三位学者建议对这个想法进行更深入的思考，并提示道："在线游戏中的领导力可以让我们预窥未来的商业世界。"[13]这三人认为，大型多人在线游戏，业内又称MMOG，可帮助识别今后总监所需的技能,具体做法是重现全球新环境中不断出现的去中心化和交互的场景,而在这种新环境中,领导力是将一系列分别承担重要任务的人员协同起来的能力。

游戏化,即利用游戏进行教与学,正处于繁荣时期,这一定程度上得益于商学院的助力,他们从千禧年一代在视频游戏中的点击操作获得灵感。支持者称,利用游戏教学能丰富学习体验而且几乎能适用于任何教材及环境。同时还说,游戏提供了一个良好的学习情境,参与者能提供即时反馈。甚至还有人认为,这种方法有助于改变个人行为,或许最吸引人的地方在于,其对公司净利润带来积极影响。[14]

我最近向一家大型专业服务和审计公司的 CEO 提出这样一个问题:如何看待要求职位申请者玩一局黑翼之巢或黑手军团。他说,在线游戏最有趣的地方在于游戏能够折射出人们对公司具有的透明化和充分的信息披露的要求,尤其是在审计这一类行业。这样虽然好,但也有附带条件,即不能仅根据求职者的游戏技能就决定雇用:"游戏可以帮助创造玩家之间的互动条件,激发他们聚到一起,但游戏玩家清楚地知道自己是在玩游戏,并不是真实的生活,亦不能反映教学方法。另外,只有经过长时间的深入分析,才能体会到领导才能的微妙之处。"

利用视频游戏进行教学并不是彻底背离传统方法,只能算是多年来形成且现已广为接受的一些手段的延伸,比如行动学习、角色扮演和沙盘模拟,但其方法、目标和内容均有明显不同。布鲁斯堡大学的卡尔·M·卡普[15]确定了以下有助于在教育中运用视频游戏的影响因素:

- **游戏是真实事件的模型或模拟**:利用人物、情节和结尾构思成一个故事。
  - **目标**:这是游戏与玩耍之间的根本区别。益智游戏应有清晰明确的特定目标。当玩家达到一个目标,如赢得一场比赛、解救完人质或征服一块领地,则游戏结束。

- **规则**:没有规则不成游戏,规则不仅说明游戏的玩法,还会影响到人们是否决定去玩,当然需要解决玩家操作动作可能出现的种种冲突。

- **时间**:游戏通常都有合理的时间范围。这就给玩家施加了压力,使其注意反应、决策、与其他人打交道,以及寻求问题解决方案等涉及的相关技巧。

- **荣誉和奖励**:徽章和点数,通常具有象征性而非货币性质,是必要的游戏部分。另外,游戏可为参与者提供其表现(较之其他玩家)反馈。奖励和反馈是两种提高选手热情和动力的重要方式。

同时,游戏有其局限性:游戏简化现实,但经理和总监却要周旋于更为复杂的世界。游戏建立清晰明确的因果关系,其有助于理解特定概念或模型的含义,但却不能真实地反映出公司运行的实际环境,实际环境中模型和系统的使用是有限制条件的。此时,请记住阿尔伯特·爱因斯坦的忠告,"凡事尽可能简洁,但不能太过简单",这句话非常有用。总监随着时间的推移而掌握的技能需要根据经验和直觉判定,而不能只是简化为模型。

游戏中,规则很明确且不容商量。但实际中,规则可以有不同的解释,且在不同的情况下,可能存在自相矛盾的规则。做事情的既定方法,可能会因为创造性或颠覆性的业务形式的出现而受到质疑。商业惯例不仅受制于特定行业的法规,还要符合道德准则以及考核其在商业中所起的作用。例如,普遍接受的利润最大化规则必须与尊重人权或可持续性保持平衡。如何将这一规则代入游戏中?卡普认为,玩家均受隐形规则

（管束可接受行为）约束，由此创造出一种社会契约。但他承认，这种契约首先是协议，其次才是道德标准。

游戏与现实世界之间的另一大差异在于确定目标的方式。当我们在管理链中向上移动时，这种差异就变得越发明显。在管理链上，我们不断设定新目标并根据环境做出改变。优秀的总监与平庸者之间的最大区别在于其迅速反应的能力，以及在收到和处理新信息时改变自己所设目标的能力。在现实生活中，我们日复一日地连续工作，目标一直在移动和发生变化，所以我们经常需要重新调整一下。简言之，现实生活存在不可避免的不确定性，这点恰恰是大多游戏所缺乏的，尽管可以说一些设计者已经意识到这一点并在努力设计可突然改变场景（需要玩家设定新目标）的随机因素。游戏提供的即时奖励当然也有问题，我们可以保证，现实生活中不会出现这种情况，在我看来，这就是游戏的本质。我们不想让总监仅因为做了本职工作而去追求奖励；这会让人产生错误的预期，如果没得到应得的认可，甚至会让人泄气。培养经理人不是训练海豹表演，每做对一个动作则奖励海豹一条鱼。总监必须培养自我韧性，从而执行长期任务，但在执行任务的过程中遇到的可能都是批评和困难。

但作战模拟三人组在《哈佛商业评论》中写文坚称，我们从游戏世界提供的奖励和徽章中学到些东西，我们可以考虑将其付诸实践，如年度业绩考核、奖金和加薪，以及对总监奖励的立即兑现。[16]

最后，另一个不可避免地将游戏与现实生活分开的现实条件是时间。游戏有开始和结束的时间限制，但总监的工作没有真正的终结，它是一个持续进行的过程，即便某个职位或项目的时间有限。如果玩家知道游戏没有尽头或有多种结果，则可以采取完全不同的方法打游戏。游戏中没有真正的时间范围，玩家很快就会意识到要想生存下去就要合作而不是竞争。同样的事情也发生在公司间，想要立于不败之地，那么利益相关方甚至竞争对手都需要共同合作。

《政治学》一书中，亚里士多德写道："很明显，对青少年的教育并没有做到寓教于乐，学习毫无娱乐性而言，有的只是痛苦。"[17]这位哲学家的意见就是：教小孩学音乐并不是出于任何实用性考虑——即为了从事某职业（除了音乐家外），而是帮助培养他们的性格并让他们更快乐地享受空闲时间。

当然，亚里士多德这么说是因为任何学习都要付出努力，尤其是在专业或职业的早期阶段，而学习过程本身并非都应是艰辛的。所谓的学习曲线很好地证明了这一点：当开始学习一门新的语言时，我们需要花费大量的时间和精力，但随着时间的推移，我们掌握了更多的知识和技能，随后投入的努力减少，直至下一个阶段开始，再一次取得进步就变得困难且非常耗时。刚开始学一门新课程，我们都经历过困难，直到自己开始感觉所用的概念得心应手。这个时候，我们的智力得到很大满足，一种获取知识的满足感油然而生。

同样地，游戏和运动需要有一个适应期，直到完全熟悉相关规则，还需要掌握必要的技巧和能力，确保我们与其他玩家或运动员竞争及合作。

无论游戏教学有什么局限性，我们都将在未来几年的商业教育中看到更多的游戏教学。IE商学院的埃斯特维斯对21家已在其发展课程中运用游戏化的公司进行了调查，称："教学方法已从简单地利用奖章和货币性补偿促进竞争转变成更为复杂、细微且能影响和改变员工行为的手段。"[18]他的工作内容涉及250万专业人士所用的SAP计算机网络示例、实现Jive或Salesforce Rypple等平台，这些平台鼓励员工参与并认可他们的表现。

最后一点：批评将培训和教育游戏化的人均认为游戏可能会致人成

瘾。我们绝不能忘记，我们来这儿就是玩；现实生活中，赌博则完全不同。在最坏的情况下，前者纯粹为了娱乐；后者，我们都知道，后果可能非常严重。但是，有时候这两者之间只是一线之隔，正如查尔斯·兰姆曾说过："人是博弈的动物。他必须总是努力在某件事或其他事中占上风。"[19]

6.3 提供负面反馈的技巧

没有人喜欢坏消息。收到的负面反馈不可能一下子把我们打倒，他们很可能只是忽略了我们所要说的内容。至少我的一个教领导力和组织行为学的好朋友是这么认为的。"90%以上案例的负面反馈达不到预期目的，"他最近提出，并补充道："经验表明，很少有人知道如何接受批评并以此提升自己。大多数人的反映很糟糕且会针对你，即使他们知道你说的对。坦白讲，负面反馈应仅在特殊情况下给出。"

尽管有时候很难，但事实就是我们不能在需要时（在工作中、回到家中或与朋友一起）羞于告诉对方实情。毕竟，早点提供负面和正面反馈可以帮助我们继续与他人相处，实现目标，养成好习惯，限制或控制今后生活中可能出现的缺点或弱项。

作为专业人才，工作中总是有要做出艰难决定的时刻。我们都知道，商务世界不是插花比赛，常常需要快速、果断地采取行动以消除误解或挽回即将失控的现状。领导者的根本任务之一就是吸引和培养管理人才，这就意味着，要找到一种方法将正面的激发性和负面反馈的建设性批评很好地结合起来。

在解决这一难题的过程中，我发现，把两类负面反馈先区分开很有帮助。第一类我将其称为认知或效果反馈，旨在避免事实错误，解决职员的眼界与公司目标之间缺乏一致性的问题，或找出评估收效甚微的原因。这类反馈一般是通过面对面或小组会谈的形式获得，可以反映出创新型公司鲜明的、富有成效的动态特性。例如，对特定部门费用超标的讨论，或不同意推出不符合公司战略的新产品。值得牢记的是史蒂夫·乔布斯在自己感到产品达不到公司预期时对苹果的设计团队常说的一句话"这就是一堆垃圾"，仅此而已。

针对认知和结果提供反馈时，相关信息不能包括对人的任何价值判断，或专注于有争议的事件和观点。此外，这类反馈最好尽快给出，甚至可以通过小组会谈的方式，这样每个人都很清楚公司的愿景、价值观和目标。认知和结果反馈对组织文化有重大意义，尤其是部门或业务存续的早期阶段或正在修改战略之时，从而使每个人都了解并照此行事。例如，建立质量文化、将公司与其竞争者区分开来，需要不断向客户阐明独特的价值定位、定价和服务策略，使公司产品和服务在竞争中立于不败之地。

作为宣传组织的价值观和理念的办法之一，这类反馈需要通过会议、备忘录、私人会面甚至是日常沟通得以加强和巩固。建立组织文化需要时间，需要通过全面、重复的活动，以滴水穿石的坚持精神来完成和实现。

第二类负面反馈表现为行为反馈，需反馈给职员，由组织的其他成员协助解决其态度问题或职员面对的困难。在我看来，这点很有趣，因为它与我们分配给公司领导培养人才的任务有关。

Fishbach、Eyal 和 Finkelstein 就负面和正面反馈在实现个人绩效过程中的影响展开了一项有趣的学术研究，得出了相应的结论。[20]一般而言，年轻人或公司新入职者常常对正面反馈的反应很积极，说些如"玻璃杯满了一半"⊖这样的话，这种做法可激励员工看到越来越接近的目标，努

⊖ 认为"玻璃杯满了一半"，表示乐观；认为"玻璃杯空了一半"，表示悲观。

力追求目标并加强投入度。

相反，老员工或长时间一直都在公司工作的人，对负面反馈的反应接受得比较好，他们承认达到一定目标还需付出努力（玻璃杯是半空的），或许因为其对组织的承诺是假设性的。作者给出结论："新手面对成功（而非失败）反馈表示会多加努力，但随着他们朝着目标前进，在面对失败（而非成功）的反馈时，他们才会付出更多的努力。"[21]

这些调查结果都是基于一系列实验得出来的，且由我们自己的经验来证实。例如，语言课程的初学者在取得进步时会坚持不懈，不管这个进度是大是小。另一方面，有一定语言能力的学生则希望有人能指出并改正他们的缺点和错误。

在我们的生活中还有其他实例，可以证明这一普遍规则。对于我们新交的朋友，双方都互相赞美和奉承对方，一般都尽量避免负面评论。但对于关系牢固的老朋友，则希望听到正面批评、接受不中听的意见，因为这才有助于改掉可察觉的缺点或弱项。同样地，长期合作伙伴更重视批评意见，但如果这放在合作关系建立之初，则可能产生疏离或造成误解："合作伙伴相互给出负面反馈、寻求更多的正面反馈，并积极努力消除负面反馈，相互之间会感觉关系又深了一层。"[22]

既然已确定了我们需要提供负面反馈的情形，那么以什么方式给出负面反馈最好呢？巴特勒解释说，负面反馈分三个时间段给出更为有效。[23]首先要求建立一个"积极框架"，意即传递正面讯息，建立信任、自信并认可接受者的工作和业绩。其次是传达需要改正或暂停的方面，尽量用描述性语句，做到明确、简洁。第三个阶段是回归正常、重申对职员的信任和使其重拾信心，并暗示其在公司的广阔前景。

一般来说，与行为有关的负面反馈应面对面、有建设性地给出。不管怎样，在争论或持不同意见时，如果接受者明显不安，或已经意识到自己的错误并道歉或解释原因的情况下，避免负面反馈也是一个好办法。

无须多言，应该多给出正面反馈。根据我自己的经验，培养管理技能的过程最好是循序渐进且需要给出积极的正面反馈，大量关于积极心理学影响的研究也证实了这一点。

向老板给出负面反馈是不是一个好主意呢——这个问题迥然不同。我建议，只有在对方征求意见的情况下才这么做，另外要在私下进行。有些人以为，老板雇我们、给我们发薪水就是要我们"实话实说"，但仍要注意方式方法和时机。即便如此，也有轮到我们说实话的时候，不管结果如何。当我们回想汉斯·克里斯蒂安·安徒生《皇帝的新装》故事时，我们中有多少人曾感同身受，并希望有个小孩站出来讲真话？

总之，下列几点是提供负面反馈的一些技巧：

- 何时最适合提供负面反馈，对此没有普遍规律。一般说来，经验表明，正面反馈激励并加深对组织的归属感，负面反馈令人气馁，产生不满甚至疏离感。
- 即便如此，也有不仅需要建议还必须提出负面反馈的场合。新雇员较之老员工，常常对负面反馈的反映更激烈。
- 负面反馈分两类：一类是关于认知和结果的，可在现场分组时给出反馈；另一类则是行为上的，最好面对面提出并给出建设性意见。
- 正面反馈激励人们更加努力工作，增强员工对公司的忠诚度。

最后的建议是：个人和职场的生活是一个持续的学习过程，取得进步时保持一定的谦逊和谦卑是必要的。有时，我们想要听到的最后一句话不是表扬而是批评，在这个时候，静静地重复苏格拉底的名言"我唯一知道的一件事就是我一无所知",也不失为一个好主意。

注释

1. C. Zillman,"Hillary Clinton joins LinkedIn because she's looking for a new job," *Fortune*, May 21, 2015.
2. "Manpower Talent Shortage Survey," 2014. http://www.manpowergroup.com.
3. Stephen Powers, Mark Grannan, and Anjali Yakkundi, "The Forrester Wave," *Digital Experience Delivery Platforms*, Q3 2014, July 22, 2014.
4. Study by LinkedIn, quoted in McKinsey Global Institute, "A Labor Market that Works: Connecting Talent with Opportunity in the Digital Age," June 2015. http://www.mckinsey.com/insights7employment_and_growth/connecting_talen.
5. Ibid.
6. A. Headworth, *Social Media Recruitment: How to Successfully Integrate Social Media into Recruitment Strategy* (London: Kogan Page, 2015).
7. http://www.cnbc.com/id/101710272.
8. http://wired.com/2013/04/the-real-reason-you-should-careabout-linkedin/.
9. J. Wald,"What the Rise of Freelance Economy Really Means for Business," *Forbes*, January 7, 2014.
10. Deloitte University Press, *Global Human Capital Trends* 2015: *Leading in the new world of work*. http://dupress.com/periodical/trends/human-capital-trends-2015/.
11. Quoted in Headworth, *Social Media Recruitment*.
12. http://www.economits.com/news/business/21654083-industry-underpressure-finding-new-services-sell-headhunters-culture-vultures.
13. B. Reeves, T. W. Malone, and T. O'Driscoll,"Leadership's Online Labs," *Harvard Business Review*, May 2008.
14. A. Pandey, *The Top 6 Benefits of Gamification in ELearning*, ELearning

Industry, June, 17 2015.

15. K. M. Kapp, *The Gamification of Learning and Instruction: Game Based Methods and Strategies for Learning and Education* (San Francisco, CA: John Wiley & Sons, 2014).

16. B. Reeves, T. W. Malone, and T. O'Driscoll, "Leadership's Online Labs."

17. Aristotle, *Politics*; Book VIII, Part V.

18. J. Esteves, "Imagineering 2015: Turn Work into a Game," *The Economic Times*, January, 2 2015.

19. C. Lamb, "Mrs. Battle's Opinions on Whist," in *Essays of Elia*. http://www.gutenberg.org/cache/epub/10343/pg10343.html.

20. A. Fishbach, "Tal Eyal and Stacey Finkelstein: How Positive and Negative Feedback Motivate Goal Pursuit," *Social and Personality Psychology Compass*, Vol. 4 No. 8 (2010): 517-530. http://onlinelibrary.wiley.com/doi/10.1111/j.1751-9004.2010.00285.x/abstract.

21. Ibid.

22. Ibid.

23. T. Butler, "Delivering Difficult Feedback," *HBR Guide to Effective Feedback* (Boston, MA: Harvard Business Publishing, 2012), p. 46.

第 7 章

兼容并蓄——挑战与机遇

7.1 包容多样性可提升领导技能

"变男变女变变变"是布莱克·爱德华兹于 1982 年执导的音乐滑稽喜剧《雌雄莫辨》的主角特征。背景设定为 20 世纪 30 年代的巴黎,由朱丽·安德鲁斯出演的维多利亚是一名饥寒交迫的女歌星,她想出了一个点子,即女扮男装成一个名叫维克多的同性恋男士,而这名男士又反过来是异装模仿艺人,以男士的身份在舞台上扮演女性。这个策略大获成功,安德鲁斯的角色同时吸引了男人和女人。令人捧腹的同时,这部电影亦促使我们设身处地为别人着想以探索自身的偏见,目前有一些公司和商学院也将这一训练纳入课程,以提高多样性意识。

我们的身份是怎么来的?首先,我们在婴儿期便开始从家庭、集体、国家和地区层面具备身份。这种依附纽带随后融入我们生活进程的方方面面,在对风俗、兴趣、口味甚至是独特小吃的偏好中显现出来。对于我们许多人来说,感到自己属于一个集体是自我认同感的一部分,亦是"我们是谁"这个问题答案要素的一部分。

有趣的是,不同国家长大的儿童,如派驻海外的外交官或高管的后代,对单一文化或集体的归属感似乎更加淡薄。童年或少年时期常年四处旅游的人通常也对别的文化更感兴趣，甚至是那些相距甚远的文化。研究显示，接触不同文化的儿童或对其他社群感兴趣的儿童，比那些在同一个地方长大、与本国环境紧密联系的人具有更强的领导能力。[1]现代史上有关这点的一个典型例子是巴拉克·奥巴马，他童年大部分时间都在印度尼西亚度过，之后在美国多个城市生活长大。我们的归属感从根本上说是文化归属感，是我们从婴儿期开始通过教育获得的习惯，说来奇怪，这也是可以从灵长类远亲行为中看到的一些东西。但是我们的归属感是否必然与我们的企业家精神和领导者品质有关呢？

首先，由于是文化的而非天生的，我们的归属感可被更改。例如，教育初期就激起我们的全球社区生活意识，或者通过出国旅游或生活，培养儿童对不同或陌生文化的兴趣来激发这种归属感。我认为这种广义归属感的延伸会刺激我们的领导能力以及在之后生活中的跨文化能力。

其次，在我们成年以前及之后的整个人生当中，我们都能够继续更改归属感。例如，参与大学交流项目而出国学习，或在职业生涯中被派往国外或另一个大陆工作，从而与来自其他文化的人们打交道。

克服归属感的另一种方式是，在某些时候转换我们的工作领域或公司。就我自己而言，我先取得了法学学位，之后是哲学博士学位，最后是工商管理硕士学位——三个迥然不同的领域。同时，我在大学教过书——也是各种学科均有（从哲学到商业策略），也曾做过顾问、列席董事会和担任过学术经理。我没有将自己当作是律师或者仅仅是一名学者，我知道自己的专业背景是混合且非正规的。问到我的专业时，我倾向于回答"教育家"。

无论如何，我认为自己职业的各个方面帮助我从多维视角看待一项我从孩童时期就想从事的活动——教学。我也能够看到背景多样（教育和其他领域）的专业人士享受的各种优势。我认为各种各样的专业经验，尤其是涉及不同文化时，会激发一个人的创造力、创新意识和跳出条条框框的思维。

我给年轻专业人士的建议不是深入专业化，而是选择半专业化，这是一种使我们接受其他专业机会的方法。例如，如果一个人拥有金融学博士学位，仅仅在相关学术期刊上发表著作，仅参加与其学科相关的会议，并且仅与同一领域的学者交流，那么我会认为这个人的专业世界观十分狭隘和传统，这一切会抑制创新。

同时，我并没有建议消除学术界或其他专业的传统获得认可的渠道，但我认为我们需要接受那些在我们专业所在环境发生变化时能够帮助我们转变工作的方法。基于一成不变提升结构的过度职业标准化总是会压制创造力，反过来导致停滞以及那种只有体制内出现偶见天才时才能被打破的模式。

第三个顾虑是，年轻人的归属感受互联网和社交网络稀释程度的影响。通过领英等平台能够与不同的（通常是遥远地方的）朋友和同事进行交流，这会促进对不同文化的认知和尊重，同时帮助我们更加客观地看待自己的社群及其价值。

在这一点上，读者可能会问，为何我对鼓励人们思考拓展传统群体以外的归属感如此感兴趣。毕竟，灵长类的行为特征不正是如此吗？在工作领域中寻找与其他人的相似点，以及在我们的私人生活中寻找共同点，这不也是正常的吗？

基于大量研究，我认为无论其他人的宗教、文化、种族、性别或阶层如何，包容多样性、培养对人类的归属感均有助于开发情商。在这一过程中，加强我们对创新和创造力以及其他美德的开放性，这一切均可促进人际关系和职场上的成功。同时，这个方法提倡宽容，鼓励人们以各种方式来理解这个世界并过上希腊哲学家所理解的"美好生活"。

正如上文所述，我认为在我们一生当中，培养一个更加广义的归属感是可行的。为此，我们可运用一些有用的方法来拓展个人视野：

- 通过国际媒体及时了解最新全球信息和阅读有关异地文化的书籍，或者通过观看纪录片使我们更接近世界上不同的文化习俗。
- 亲自或通过社交网络，与来自其他文化和环境且想法与生活方式看似与我们不同的人们建立联系。
- 在讨论过程中扮演不同的角色或提出与自己所想不同的想法。这个方法越来越多地应用在教育之中，这样，参与者扮演与其在现实生活中完全不同的身份，如来自异地文化，假设为另一种性别，或为与自身兴趣截然不同的个人兴趣做辩护。

包容多样性会丰富你的认同感，提高人际交往技巧。对相同性的追求会使个性枯竭，约束我们的知识，这样做本身亦是呆板枯燥的。

7.2 多样性政策

近期对商业多样性政策的文献倾向于关注在创新、创造力、良好工作环境、较低员工流失率、接近更多的潜在员工以及接触更多的利益相关方等方面获得的好处。引用文献来源之一是麦肯锡于 2007 年展开的调查，结果显示董事会女性比例较高的公开上市公司，其股东权益回报率（11.4%）比各自行业的平均值（10.3%）要高。[2]

无论如何，一些分析家已经质疑这些结论背后的科学性，认为采纳多样性手段和股东权益回报率之间并未完全建立起因果关系。例如，公司规模及其增长率与随之而来的股东权益回报率也许存在更加直接的因果关系。中型规模公司中的女性比例碰巧比大型公司要多，因此我们可能会得出结论,即中型公司的股东权益回报率与性别多样性之间的关系是偶然的,而非因果关系。[3]

我提出这些论点的原因在于,了解一家公司多样化政策的实施理由很重要。在大部分情况下,关于这点有两个主要论据:

- **商业案例**。简而言之,多样性政策在经济方面和无形领域对公司来说是大有裨益的。据称,考虑到这是以多样性对公司财务结果影响的实验证据为基础,这个方法更加"科学"。
- **道德案例**。本推理论点辩称,管理者应该鼓励公司内部的多样性,作为促进公司及更大层面的平等性。换言之,这些政策是道德和伦理决定的产物,无论对公司可能产生何种经济影响,这种影响都极有可能是积极的影响。

大部分首席执行官和首席学习官认同道德案例和商业案例,利用这些案例来验证他们的多样性举措。他们试图发现这些举措的可营利性证据,且需要向股东展示这些举措对公司业务活动有直接、积极的影响。如果不能证明这些积极成果,他们会发现很难施行多样性政策。

但是,如前所说,多样性政策的实施和更为稳健的底线之间的关系尚未找到可靠证据,支持这一倾向的研究也尽是传闻或间接推测。

当我们试图建立 CSR(企业社会责任)政策与公司年度财务结果之间的联系时,也会出现类似情况。问题是,正如多个调查已经强调的那样,二者之间完全不可能存在确定的因果关系,因为大多数时候,更为精确的说,盈利率最高的是那些倾向于实施 CSR 项目的公司,而非采取其他相反方式的公司。换句话说,有人可能认为采取 CSR 措施实际上是公司盈利情况的效果,而非成因。

两位美国研究人员 Maria Riaz Hamdani 和 M. Ronald Buckley 最近撰写

了有关多样性对组织的影响,得出结论是:"目前我们拥有的是一团相互冲突的资料,包括传闻和经验资料,这未能使我们得出有关这一重要议题的明确结论。"[4]他们指出,大部分关于多样性政策对公司利润影响方式的研究并没有在足够长的时间内得以实施,利用相对肤浅的多样性变量,未能考虑到其他那些可能在公司运行方式中发挥重大作用的因素。

更让人困惑的是,多样性研究提供了关于多样性政策效果的消极和积极经验证据。有些案例中,多样性越强,越是能激发创新和实验成果,并让人以更为全局化的视野来看待公司面临的各类挑战,同时提升公司在不同利益相关方当中的声誉。另一方面,多样性也能够激发人际冲突,导致越来越难以招募、培训和融合新员工,有时甚至抑制或挫伤一些员工的积极性。

近期有两项关于多样性的研究得出迥然不同结论,说明了这个问题的复杂程度。[5]一项关于法律影响的研究于2003年至2008年在挪威展开,其中法律规定董事会成员至少40%必须为女士,该项研究得出结论,女性董事数量最多的公司面临股价下跌、运营利润也下跌的情况。研究人员还注意到,此类公司的董事会多数由较为年轻、经验较欠缺的人员构成。

关于是否实施多样性政策的决策依据,这些研究得出的结论是否足够令人信服呢?依我看来,虽然这些结论明显洞见了现实中公司试图增加董事会多样性的方式,以及对配额的中期影响,二者均未提供让所有公司、环境和情况进行类推的证据。

总之,确定促进多样性的措施是否产生正面影响的主要因素在于他们的长期实施方式、融合与交流的开展方式,以及将这些惯例纳入公司文化的方式。

越来越多的公司发现自己处于进退两难的境地。没有一家公司能够以道德的或现实的理由合理反对实施多样性措施。但是，他们怎么可能克服多样性政策能带来经济利益的证据似乎并不足够充分这个难题呢？

面对经验证据不足的情况，Hamdani 和 Buckler 决定从另一角度看待这个问题。现实中，成功的公司采取多样性做法，以响应社会需求并遵从股东和其他利益相关方的指令。公司是社会机构，公司业务活动受其环境影响，反过来又促成该环境的形成。作为社会机构，公司有义务改变跟不上时代的任何做法，但同时人们又期望公司能带头做出会对社会产生有意义影响的改变。

虽未出现证明多样性的正面经济影响的确凿证据，但我仍然极力主张多样性政策，我的个人经验表明此类措施的实施能给公司带来有形和无形的利益。

最后，公司实施多样性政策的原因是制度性而非经济性的，亦是公司与社会关系的产物。如果一家公司打算追求多样性，其应该从伦理、道德和社会立场出发，而非只为了经济原因。在任何情况下，此类措施的正确应用很可能会产生一家效率更高、运营更优的公司。

此外，仅仅在公司采取产生更高多样性的措施远远不够，例如在性别、种族和背景方面。这些措施必须伴随融合与培训，且同时要评估这些政策如何配合公司的战略和目标。

最后，多样性是一种思维模式和一个过程，而非招募和升职时的事业成就。其影响仅可从长远看才会被完全认可。将多样性与增加收入绑在一起看所产生的短期压力只会把事情弄得更复杂。

管理应被视为一门艺术，而非一门科学，决定基础通常应为坚定的直觉和信念，而非确凿的证据。[6]

7.3 真正的多样性是将世界观各异的人士聚集在一起

"没有多样性和包容性,就没有创新,"[7]苹果公司全球人力资源总裁丹尼斯·杨·史密斯解释道,当时公司宣布向非营利组织投入5000万美元,这类组织能促进女性、少数民族和老年人融入技术部门。该新闻发出的同一星期,苹果公司推出了智能手表,这只是一些硅谷公司采取的众多此类举措之一,旨在增加员工多样性,尤其是在雇用更多的女性职员方面。

利用科技公司在各层面录用的女性及少数族裔人数的资料,2015年初,《财富》杂志编制了一份排行榜,领英、苹果和易趣分别位列前三名,最后三名分别是思科、惠普和微软公司,位居第12、13和14名。[8]根据该项调查发布时的广泛报道,从事科技行业的绝大多数雇员仍然是美国白人和亚洲男性。

许多其他创新领域也出现了同样的情况,这也是创造价值的关键因素。举个例子,教育行业整体上女性占绝大多数,但在第三产业,尤其是大学高层,多样性急剧减少。[9]

在与首席执行官、首席学习官以及我的商学院同事的交流中,他们表示招募新员工时主要考虑的是如何提升组织内部的多样性,尤其是关键领导职位的多样性。2014年福布斯有关多样性的调查提到:"当涉及多样性项目策略和实施过程时,公司在多样性/包容性方面努力取得成功的责任落在了高级管理人员身上。"[10]同一报告中,接受调查的跨国公司中有69%设立了相关委员会,其职责在于监督多样性策略和举措。在61%的案例中,首席执行官是这些多样性委员会的成员,而在72%的案例中,人力资源主管也是该委员会一员。在被询问的那些人看来,促进公司内部多样性的责任在于首席执行官或人力资源主管。

但是，德勤公司开展的一项同期调查得出一个截然不同的结论，称与吸引和留住人才或领导者等相比，人力资源部并没有优先考虑多样性。[11]其使用的方法可能并没有将多样性与人才管理、招募和晋升相关联。

必须指出的是，虽然多样性已经成为时髦用语，但人们很难理解其对公司影响的交叉性质，这种难度与其本身的定义相关。这种难度在不同文化赋予的各种含义中得到进一步凸显，如怎么管理少数族裔员工，或如何解读意识与宗教差异。为更好地理解多样性概念，也许我们能够运用企业多样性的学术定义："认可和重视公司内部异质性，同时提升组织业绩的一种管理哲学。"[12]

公司期望的管理多样性种类有哪些？已经有人提出许多建议，但将其分为两大类后我们有了大致的概念：

7.3.1 人口多样性

这包括人种、种族、性别、年龄、身体能力或残障，以及其他可在非黑即白的基础上予以评估的相关因素：你是或你不是。人口多样性在组织公平的情况下也许是最好理解的。例如，男女同工不同酬是不公平的，因西班牙裔身份而升职也是不公平的。同样，针对少数民族或残疾人的包容性政策是融合与不歧视原则的产物，源自社会与组织公平的理想。

为创造更强的人口多样性，一些国家在不同时期实施了积极的反歧视政策和配额举措，基本均得到公共机构的支持。在美国，许多大学为少数民族申请人提供积极的反歧视政策。这些都有助于为更多的本来难以获得机会的人们提供接受高等教育的机会。

斯堪的纳维亚半岛的国家过去几十年一直实施配额政策，旨在增加各类机构中的女性成员数目。所以，在得知挪威、瑞典、冰岛、芬兰和丹麦占据福布斯综合女性多样性指数排行榜时也就不足为奇。[13]该排行榜评估了与女性就业相关的各类因素，其中包括女性主管、女性董事以及女性议员的职位数目。土耳其、阿拉伯联合酋长国和巴基斯坦等国在榜单垫底也在意料之中。

积极反歧视和配额政策曾受到抨击，一些分析师辩称这些政策短期内会产生消极影响。但一段时间后，它们会促进更为全面的社会和组织公平，从而使国家转化为更加健康的经济体。

另外一个问题是多样性措施的实际执行速度。举个例子，上述科技公司面临的问题之一是STEM（科学、技术、工程和数学）学科毕业的女性人数较少，而硅谷公司要求此类学历。《爱尔兰时报》最近评论道："很多人表示，为何存在这种总量失衡？涉及STEM尤其是数学和工程时，为何男性人数超过女性？这对他们来说就是个谜，但对我来说看似十分清楚，这是体制，这是比赛赔率的叠加方式。就像拉斯维加斯的赌场，他们知道无论你在老虎机投入多少游戏币，他们都会赢。"[14]

要改变这一体制，我们需要采取具有中期影响的结构性措施，以使得受欢迎的项目更丰富更多样，同时辅以其他措施来支持正在学习的女性和少数族裔人士，这些也是苹果、微软和谷歌公司正在资助的对象，反映了科技行业对多样性的集体意识。

7.3.2 通过价值观和性格反映出来的多样性

第二种多样性适用于诸如宗教、信仰、个人价值观、教育、天赋与能力、人知才能等问题。从概念上说，这更加困难，在个别情况下也更难发现。

我认为这种多样性与一个集团或组织的创新能力直接相关。真正的多样性是将想法各异的人们聚集在一起——他们拥有不同的世界观，对美好生活的定义有不同的见解。

意识形态、宗教和文化多样性可予设置的唯一限制是对人权的尊重。在这个框架内，正如联合国教科文组织所述，文化多样性是"维持我们之中个体或集体动态变化的能力"。[15]

简言之，我们能够得出关于组织内部多样性的何种结论呢？

- 多样性是一个具有多重含义的概念，视政府和公司所在的国家和类型而定，但主要分为两大类：一方面是人口多样性，另一方面是基于价值和人性的多样性。这两种多样性都有可能驱动各类组织的内部创新。
- 在绝大多数情况下，驱动和管理公司内部多样性的最终责任落在首席执行官和人力资源主管身上。这意味着，考虑到多样性的交叉性质，中层管理者也需要获得授权以带动各自团队的多样性。多样性项目实施的最常见障碍是中级管理层未能充分实施，其次是预算限制。[16]
- 促进真正的多样性需要时间，而且不一定是自上而下施行。与任何商业政策一样，需要附带员工招募、培养、升迁和教育相关的措施。
- 采取多样性意味着尊重各种不同的价值观和观点，前提是这些价值观和观点要尊重人权。

"多样性是独立思考的艺术，"Michael Forbes 曾经说道。多样性让公司变强，而非变弱。

7.4 管理多样性是一个永久进化过程

一家顶尖银行的首席学习官最近告诉我有关在组织内部实施多样性政策的困难："这无关排名、比率或比例，亦无关实现特定目标。这是关于组织文化的,是一个永久进化、改变和适应的持续过程,你绝不能说:'我做完了。'"我当时就告诉他,我完全同意。

即便如此,建立可量化的目标和百分比以及监督目标达成的机制,均是衡量多样性政策成功程度手段的重要部分。此外,对外传达成就也有助于提升公司的声誉,反过来帮助吸引和留住人才,这可以说是任何首席执行官面临的最大挑战。我们不该忘记,公司声誉调查或最佳雇主公司排行榜中,多样性就是越来越受重视的方面之一。[17]

美国运通公司作为这一领域的先驱,早在 22 年前便设立了代表女性包容性和受忽视少数群体的团体。目前,该公司拥有该团体 16 个,不仅仅代表女性,还代表少数族裔、退伍军人等群体,甚至是身兼数职的妈妈们,并有 100 多个旨在建立社区集体感的分会,同时探索为公司创造价值的各种方式。因此,美国运通公司在《财富》杂志"最受推崇的公司"排行榜上位居第 11 位,这一结果也并不令人感到意外。[18]目前,美国运通的副总裁和高级管理人员中女性占 39%,而在 2014 年,其雇用的企业经理人中 69% 为女性。"没有人认为我们必须这么做。这只是聪明的做法。"全球企业支付总裁 Susan Abbot 说道。[19]

但是,有多少公司设立了负责设计和监督多样性措施的专职单位或部门呢?2014 年《福布斯洞察》有篇调查文章分析了来自全世界的 300 多家跨国公司,结果显示 69% 的公司设有监督多样性的委员会。[20]一些公司通过设立掌管多样性和包容性的副总裁职位的方式响应实施多样性政策的需求。同样,许多美国大学目前也设有掌管多样性的副教务长,负责监督教职员工的升职和录用。此类措施反映了大型组织内向多样性政策的系统实施进行的渐进而又稳定的转变。

无论如何,我认为设立专门处理多样性政策的团队或职位仅仅是执行真正多样性的第一步。将设立在海外但形同虚设的公司部门,与能够处理任何海外市场相关事务的个人或一个小部门比较,真正跨国公司并不为国际部门操心;相反,他们在从事业务或创建自身全球业务单位的国家设立附属机构。

管理多样性应同样如此。当它真正融入公司文化时,它在各种惯例中的运行和应对方式构成一个自然组成部分——出现在首席执行官、首席学习官和人力资源主管的优先事项列表之上。这些公司的管理系统保证了包括中层管理者在内的主要业务单位的赋权,允许他们在各个阶层、以各种方式实施多样性。同时,多样性管理应包含主要管理者的激励和认可机制的一部分,而不仅仅限于人力资源。

多样性管理的一种潜在良性循环可能由以下几个核心阶段组成(如图7-1所示):

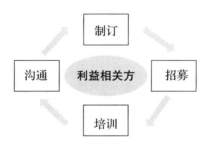

图7-1 多样性的良性循环

- 制订组织的多样性,建立中期目标
- 监督公司内部招募和晋升,同时微调多样性目标
- 开展员工培训和开发,在公司内部灌输多样性文化
- 多样性成就的内部和外部沟通

这些阶段是循环的,各阶段之间是互相联系和互相依靠,无须按顺序实施。

同样，欧盟委员会2012年的一份报告提供了公司内部实施多样性政策和举措的有用基准。[21]这份报告由业内专家拟出，以对比欧盟各国的多样性措施，其中确认了不同领域的各类行动，从招募和晋升人才到多样性和包容性培训项目，再到为促进多样性而补偿和认可主管及员工的方式，以及内部和外部沟通的最佳方式，包括与供应商等利益相关方的沟通。

《福布斯洞察》报告提到早期发现的开发多样性的五个主要领域。公司报告的主要方法中包括由培训支持的专业开发项目，其中62%的受调查对象启动了这类项目。61%的受调查公司执行辅导和员工网络资源群体制度。许多公司或其职员是专注多样性的专业组织成员，或已尝试向各种少数群体传达其政策。

但我们仍可以在组织内部建立多样性文化方面更进一步，除了避免歧视并促成包容性人员组成和惯例外，还可以花时间分析和了解多样性的各种形式。这也是人性课程开发、跨文化研究以及相关学科赋予特殊意义和实现特殊价值的地方。正如第9章所论述的，人性和人文学科巩固了专业知识与技巧的融合，以及对这个纷繁世界和社会互动的了解。在一个多样性的组织内，了解其他文明、宗教以及思考和理解世界的其他方式，是克服文化冲突和促进包容的最佳良方。

福布斯的调查也揭示了公司寻找人才的主要场所是大学和研究生院，其次是猎头公司。这为商学院带来一项独特挑战，而众多企业正是从商学院招聘下一代主管人员。如果公司主要需求之一是这种水准的人才，那么商学院能够做些什么来为它们的课程吸引更丰富的多样性，尽可能充分地使其毕业生能够理解和管理多样化的工作环境呢？

《金融时报》开展的MBA和EMBA课程年度排行榜的主要好处之一是评估参与学院的多样性。[22]涉及各个中心内不同类型利益相关方的性别和国际化时，教职员工、学生和董事会成员都适用这一标准。欧洲商学院在国际化和文化多样性方面遥遥领先，占据全球 MBA 排行榜的前 15 位。

显然，不同组织内管理多样性的方式由多个因素而定，但我们能够从以下简要论述中得出一些有用的结论：

- 组织内多样性管理是长期项目。我们需要建立明确的目标并衡量其实施情况，但真实多样性仅在其嵌入组织时发生。
- 专门为解决多样性的特定委员会或职位的存在是多样性政策设计和监督的一个关键步骤，当公司的所有单位和各个等级均存在和共享多样性时，将是施行的最佳时机。
- 促进公司内部多样性的主要活动是一方面招募和晋升人才，另一方面培训和培养员工。同时，内部与外部沟通举措有助于建立组织多样性文化和提升公司的声誉。

多样性管理是成功公司战略议程的一个关键要素。它是创新和创造价值的必要条件。

注释

1. H. Gardner and Emma Laskin, *Leading Minds. An Anatomy of Leadership* (New York：Basic Books, 2011), Chap. 2.
2. G. Desvaux, S. Devillard-Hoellinger, and P. Baumgarten, *Women Matter：Gender Diversity, a Corporate Performance Driver* (New York：McKinsey and Company, 2007).
3. UK Government, Department for Business Innovation & Skills, "The Business Case for Equality and Diversity：Survey of the Academic Literature," BIS Occasional

Paper No. 4, January 2013. http://www.raeng.org.uk/publications/other/the-business-casefor-equality-and-diversity.

4. M. Riaz Hamdani and M. Ronald Buckley, "Diversity Goals: Reframing the Debate and Enabling a Fair Evaluation," *Business Horizons*, Vol. 54, No. 1 (2011), pp. 33-40 at p. 37.

5. Quoted in UK Government, "The Business Case for Equality and Diversity," p. 28.

6. W. Churchill, *The Story of The Malakand Field Force*, (New York, NY: Seven Treasures Publications, 2009), Ch. III, 1.2.

7. M. Lev-Ram, "Apple Commits More than $50 million to Diversity Efforts," *Fortune*, March 10, 2015. http://fortune.com/2015/03/10/apple-50-million-diversity/.

8. J. P. Mangalindan, "How Tech Companies Compare in Employee Diversity," *Fortune*, August 29, 2014. http://fortune.com/2014/08/29/how-tech-companies-compare-in-employee-diversity/.

9. https://twitter.com/Phil_Baty/status/582519455005167616.

10. "Global Diversity and Inclusion: Fostering Innovation Through a Diverse Workforce," *Forbes Insights*, July 2011. Based on interviews with 321 top executives from multinational companies. http://images.forbes.com/forbesinsights/StudyPDFs/Innovation_Through_Diversity.pdf.

11. Deloitte University Press, "Capital Trends 2014: Engaging the 21st century Workforce." http://dupress.com/wp-content/uploads/2014/04/GlobalHumanCapitalTrends_2014.pdf and http://images.forbes.com/forbesinsights/StudyPDFs/global_diversity_rankings_2012.pdf.

12. M. F. Ozbilgin and A. Tatli, "Mapping Out the Field of Equality and Diversity: Rise of Individualism and Voluntarism," *Human Relations*, Vol. 64, No. 9 (2011), pp. 1229-1253.

13. E. Mannix and M. A. Neale, "What Differences Make a Difference?", *Psychological Science in the Public Interest*, Vol. 6, No. 2 (2005), pp. 31-55. These authors propose an interesting and large typology of diversity.

14. "Diversity & Inclusion: Unlocking Global Potential Global Diversity Rankings by Country, Sector and Occupation," Forbes Insights, 2012.

http://images.forbes.com/forbesinsights/StudyPDFs/global_diversity_rankings_2012.pdf.

15. D. Ahlstrom, "Innovation Talk: What's Behind the Lack of Women in Science and Tech? UCD Report States that 'The Key Issue Appears to be Motivation'", *The Irish Times*, March 31, 2015. http://www.irishtimes.com/business/innovation-talk-what-s-behind-thelack-of-women-in-science-and-tech-1.2085457.

16. "Global Diversity and Inclusion," p. 18.

17. "The Best Companies to Work For 2014," *Fortune*. http://fortune.com/best-companies/.

18. C. Fairchild, "Charging Ahead on Diversity," Fortune, February 1, 2015. http://fortune.com/2015/01/22/american-express-chargingahead-on-diversity/.

19. Ibid.

20. "Global Diversity and Inclusion."

21. European Union, Commission, "Implementation Checklist for Diversity Management Support for voluntary initiatives promoting diversity management at the workplace across the EU," (2012). http://ec.europa.eu/justice/discrimination/files/checklist_diversitymanagement_en.pdf.

22. *Financial Times*, "Global MBA Rankings 2015." http://rankings.ft.com/businessschoolrankings/global-mba-ranking-2015.

第 2 部分

培养世界级管理者

有效培养
卓越管理者是这样炼成的

第 8 章 创建学习社区

8.1 为何友谊在工作中发挥巨大作用

朋友是我们生活中幸福的重要源泉，如同工作使我们花费了大量的时间一样，如何使友谊在我们的职业生涯中发挥积极作用是非常值得探究的。

在现实中，或者你会觉得大部分专家建议我们需要明确区分工作和友谊，要谨记在不同领域建立的关系应遵循不同的规则，因此将二者混为一谈通常不是个好主意。友谊与利益通常不是紧密相关的。他们辩称，工作上同事之间的关系本质上事关公司、生产力和效率的提升，而无关我们对彼此的私人感觉如何。

同时，工作场所的友谊可能会产生利益冲突，在某些形式下会导致任人唯亲情况的出现。为此，做出决定时我们通常习惯以维持友谊和家庭幸福为前提条件，而非着重考虑功绩、公平和财务结果。尽管如此，以通常的经验、直觉以及相关研究显示，工作场所的友谊仍会产生积极的影响。

自由资本主义之父亚当·斯密称，从游牧经济到工业社会的过渡意味着社会成员必须停止依赖近亲，必须基于自身兴趣和天赋建立关系。

正如斯密所表述的，通过经济交换和商业形成的关系是自愿的，反映出我们对"以物易物，物物交换"的内在倾向。[1]

18 世纪，与斯密同时代的苏格兰经济学家和思想家大卫·休谟同样辩称，贸易和市场的增长拓宽了我们可以遇见的朋友圈，从而增加了我们能够交往的潜在朋友的数目。[2]

这种基于贸易和商业的世界范围的友情概念未必仅仅是功利主义，斯密和休谟说道，虽然这会造成互惠互利，但这也是以朋友的信任和品质为基础的，是自愿的产物。正如所有的人际交往，长时期内需要信任和平静，这是无法简化为功利性利益的东西。此外，大部分友谊也是在与他人打交道或共事的过程中建立的，这种友谊是与工作关系并行存在的。

商业和工作关系可以创造共同的利益、愿景、项目和风险，同时也意味着需要花许多时间在人际交往中，这一切均构成友谊的可靠基础。正如我坚信贸易能够帮助解决国家之间的问题，为政治家们偶尔犯的错误提供纠正方法，我们在 IE 商学院不断遇到这种情况，这里的 MBA 课程吸引了各种各样的参与者。

例如，在 IE 大学，学生来自 106 个不同的国家，代表不同的文化、不同的世界观。在性别上注重男女平衡。我见过学生参与商业讨论的方式，或者在进行一个案例研究时，无论他们来自何方，他们通常提出类似的解决方案。在为文化敏感性问题寻找解决方案时，学生们也会灵犀相通。管理思维的碰撞，不仅对价值生成及商业解决方案提供思路，还会促进参与者之间加深理解并结成友谊。

因此，做生意是交朋友的好方法，但为何我们在工作中的朋友好像越来越少呢？沃顿商学院的亚当·格兰特引用了一项调查显示，认为工作上有朋友这点很重要的美国人数量随着时间而日益减少：1976 年为

54%，2006年为41%。³ 文化因素也在此发挥了很大作用。另一项调查显示，仅有32%的美国人定期邀请同事在家中同聚，而在波兰和印度，这个数据分别为66%和71%。

格兰特把这种情况归因于若干因素。根植于加尔文主义传统之中的所谓"新教徒的工作道德观"对盎格鲁-撒克逊人的社会有着巨大影响，它把工作场所的社交看作是对做好工作的干扰。我们也越来越倾向于把工作场合的友谊视为临时性的，考虑到我们之中越来越多的人经常调动、升职或进入其他岗位和行业，长期雇佣逐渐成为过去式。同时，越来越多的人在家办公或工作时间相对灵活，以便照顾家庭需要。

事实上，许多调查仍然证实了工作上建立关系的积极作用。最近的一次盖洛普民意测验披露，约有51%的受调查工作人员称，工作上的好朋友能激励他们更加努力和认同公司的使命，对比之下，10%的人在工作中没有好朋友。⁴同时，也有越来越多的组织发现，工作中结交朋友可以提升个人业绩、减少压力并增加合作、信任和沟通，有助于人们更加积极地思考，减少不确定性和焦虑，从而使员工留任公司的时间更长。⁵

那么，我们能够做些什么来鼓励工作场所的同事情谊和友情？

（1）**营造共享型的组织文化**。首先，我们需要充分界定和构建有利于同事情谊产生和发展的环境，⁶这意味着建立人人共享的、鼓舞人心的企业文化，也是首席执行官最重要的任务之一。有时同事情谊会与娱乐活动混淆，导致一些公司建立开放式的办公室空间，甚至安装乒乓球桌和提供休息室及厨房，以促进工作场所内更好的人际互动。越来越多的公司意识到令人愉快的工作环境的重要性，但我们不应该忘记一家公司的文化具有更高的上层建筑意义，能反映其自身的价值观、战略、目标、认可和奖励员工的方式以及企业理念等。组织文化反映在员工共同具有的言论、信息和态度之中,也是真正把人们凝聚在一起的东西。

有效的企业文化应该系统性地体现于公司决策的过程之中,并向各利益相关方尤其是员工传达这些价值观。这种文化不能像过去那样仅仅通过命令进行灌输;它必须是职场活动各个方面不可分割的一部分,并随着时间的流逝,如滴水穿石般开始塑造人们的思维方式。

一家公司的组织文化使员工更加团结;它鼓励员工分享各自的期望、梦想和目标,共同努力实现公司目标。这种分享是生成友谊的理想方式,但这未必一定意味着为公司效力的每个人都想法一致。很多公司和机构既拥有坚实的共享文化,又具有高度多样化的工作团队。

(2) **鼓励不同部门间的融合**。由于隶属于特定部门或在特定城市工作,非正式群体的出现对公司来说是很常见的,这些群体便可能演变为非正式的小团体。通常,小团体由同一代人以其相似的文化背景而建立。但是要注意,这种情况经常会出现"深井综合征"的风险,实际上会阻碍合作、信息交流和协同。

防止"深井综合征"的最佳方法是从内部沟通开始,如利用委员会和各类会议等内部社交网络。Zappos 创始人提出的解决方案极富想象力,即将停车场设在办公场地以外,这样员工不得不在前往办公室的路上搭讪交流。[7]

曾经,IE 商学院一个系的全部教职员工要求将办公室设在我们位于马德里中心的某一建筑的同一楼层。IE 商学院的校区优势是位于西班牙首都市中心。它的缺点是相对分散,意味着我们必须认真考虑如何将人们聚集在一起,尤其是非正式场合。将所有学术人员聚集在一个地方,远离其他部门的同事,这并没有带来积极效果。我没有发现它在学术交流层面产生任何重大促进,我的感觉是它将自己与组织的其他部分隔离开了。有趣的是，有些教师甚至很快就搬走了，与学院内其他教师趋向于留下的潮流逆势而行。

（3）**静修、俱乐部和其他非正式活动**。很多公司组织聚会，以促进主管与员工之间的人际关系。这里我指的并非是圣诞节举办的鸡尾酒会或类似活动，这些活动有时候会产生相反效果，应该更多举办员工可以讨论策略、方法、专业和有关未来发展的活动。静修或工作场所以外的头脑风暴会议，偶尔给人们分配不同的角色或参与各种游戏，这些都是公司经常选择的灵活方式。[8]

将家庭成员也带到公司活动中，让家人参与公司活动或介绍家人与公司内的关键人物认识，这也是平衡职业与个人生活的有效方式。即便如此，我认为我们需要建立工作以外和亲属圈以外的各种关系：通常，我们更容易与那些与自己职业活动无关的朋友坦诚交谈。

（4）**针对经理人实施培训发展与融合项目**。开发有关个人参与和组织发展的内部教育项目，将有助于建立公司内部的长久友谊。一起学习是建立相互无利害关系的好方式，尤其是在学习中人们越来越开放，参与者们便会建立起友谊，这对促进大家一起努力实现共同目标是非常有价值的。

（5）**鼓励以不同的渠道和方式建立混合的网络关系**。除当面交流之外，通过社交网络、内联网、视频会议、聊天软件和网站，也有助于建立不同部门员工及位于不同国家的单位之间的联系，这种联系更加深入和迅捷，这也有助于加强企业认同感。

我不确定田纳西·威廉姆斯与亨利·福特关于友谊的想法有多接近，或者关于我提出的鼓励建立工作场所友谊的建议他们会支持到何种程度，但这个曾经说过"相遇是开始，共处是进步，合作是成功"[9]的人肯定明白同事友谊和交往在商业中的重要性。

8.2 在工作上结交朋友时,听取亚里士多德的建议

怎样才能成为好老板?对于一些颇受敬重的商业领袖来说,如果只关注结果(通常在短期内以记分卡或仪表盘衡量),变得具有超级竞争意识,且从不让自己的感觉或本能干预工作的完成,那么这个人显得有些失去人性。此外,老板从来不应与下属建立友情,因为担心会对下属的需求妥协而不能驱动他们更努力工作、纠正他们或最终解雇他们。

以上这种相当死板的说法差不多是哈佛商学院琳达·希尔和资深经理人肯特的解释,在他们《成为老板:成为伟大领导的 3 个要素》一书中提到:老板不能与下属成为朋友。[10] 而对于员工之间建立的友谊,他们认为是人类的自然倾向,往往是为了寻找别人的最优品质、为了避免冲突或对别人的私人问题产生同理心的情况。他们还提醒,老板可以利用友谊来赢得他人支持并提升业绩。

他们认为,职业关系反而要受其他因素制约。首先,友谊绝非是达成目的的一个手段,真正的友谊只有在双方平等的情况下产生。老板在必要时会施加压力以产生更好的业绩;而友谊是相互作用的。当然,正如希尔和肯特指出,要与全部员工成为朋友是件不可能的事。但根据我们的经验,一切友谊总会有功利主义的一面:我们往往对朋友有所期待,无论是寻求他们的支持、建议或仅仅是见面时度过的美好时光。同时,员工会对老板有所期望,如果这些期望未获满足,可能促使他们离开公司。我认为,到目前为止我们都知道人们离开的主要原因之一是他们无法与老板和睦相处。

"*Philia*(希腊语"友情"的意思)是社会的动力,"亚里士多德写道,[11] "社会依赖友谊。毕竟,人们不会与自己的敌人同行。"[12] 我认为这

一原则同样适用于职场，这里通常是社会的缩影。亚里士多德认为友谊分为三种类型，即实用型、快乐型，以及因为"惺惺相惜""为了另一方的为人"而结交的高洁型友谊。亚里士多德称，前两种友谊往往是短暂的，而第三种包含了前两种的各种要素，是真正的友谊。这种健康的友谊发生在高尚人士之间，且"只要双方完好就会一直持续下去，且卓越是恒久的。"[13]但这种友谊能在商务环境中发展起来吗，如老板与员工之间？我认为亚里士多德会赞同它的发展，前提是这种关系建立在"卓越"之上。无论如何，正如哲学家所写道，这种友谊是不同寻常的。

但当你思考为何我们不能与老板或下属成为朋友时，正如英国当代思想家格雷林所指出的，历史和文献均载有各类上级下属之间的友谊实例，如 Aeneas 与 Achates、Achilles 与 Patroclus、Orestes 与 Pylades、Cyrus 与 Araspes 或者 Scipio 与 Laelius，而这些仅仅是古代世界的例子。这些关系的特征是高级伙伴需要他们能够信任的人，能够轻松交往、征求无利害关系的建议、分享忧虑或仅仅寻求安慰的人。至于下属，格雷林说道，"下属必须有能够领会上级的能力，他们必须能够讨论、分享对于事情的态度和感受，相互之间必须拥有秘密和信任；在双方互动之中看起来好像存在完美的平等。"[14]这是能够超越权利不平等的方式，也是更符合亚里士多德思想的东西。

如果你认为这种友谊是企业乌托邦，也是情有可原的，但我认为，它为我们应该如何在组织内部表现提供了一个良好模板，即使它大部分仍是理想化的且从未完全实现的。简言之，它无疑比之前提及的去人性化的模式带来了更大的希望。

用亚里士多德的话来说，老板与下属之间的友谊不能仅仅以实现共同目标或共度欢乐时光作为基础。相反，其应该同时包含对卓越，以及对公司宗旨、价值观和愿景的认同。而这正是高级管理者角色如此重要的原因：领导必须建立宣扬公司原则的组织文化，体现在其做出的决定以及成员间的关系之中。否则，工作场所的友谊毫无可能。

显然，这里谈论的友谊并不包括下班之后一起参加私下活动，或者拥有同样品味和爱好并讨论私人问题的交情。这种友谊反而应该自然而然地产生。有些性格外向的老板热衷与员工在工作场所内外有更多的互动来往。也有些相对内向的人期待的是思想的交流与碰撞。

我记得一家大型跨国公司的首席执行官曾经告诉过我，他不倾向与董事会成员一起打高尔夫球或参加社交活动。一方面，这种做法使他更好地找到工作和私人生活之间的平衡，并从工作中脱离出来。另一方面，出于对工作的忠诚和尽职，他也经常与他们在会议室外见面交流。这位管理者对于如何既建立工作上的友好关系又无需更多分享业余兴趣，做了一个很好的范例。

同样重要的是，要记住我们对友谊的理解很大程度上取决于我们生活在什么样的社会。荷兰社会心理学家 Geert Hofstede 将文化对我们在工作上与老板或下属建立的关系性质的影响定义为权力距离型关系。权力距离衡量了公司中的等级观念以及组织基层人员期待上级对待他们的方式。[15]有趣的是，多项研究显示，权力距离大的地方不仅仅在亚洲存在，在拉丁美洲也是如此。虽然全球化正在缩短权力距离，但根深蒂固的文化观念的变革还需要更多时间。正如所料，在权力距离大的国家，老板与下属之间的友谊并不常见。即便如此，新的组织模式正在挑战各家公司传统的垂直型权力结构。[16]

家族企业也提出了一些关于工作场合关系的有趣问题。家庭成员之间的关系通常涉及情感元素，并非以友谊为基础，这使得职场问题的处理变得复杂。由于缺乏专业性或管理能力欠缺，许多家族企业在从创始人向下一代移交期间倒闭了。但我认为，那些通过检验的以及那些持续领先的大型企业（如拥有许多成功家族企业案例的酒店行业）也能够为其他企业提供一种参考模式。

根据亚里士多德的卓越原则，可能你无法与注重建立关系或能够建立关系的人共事，但仍有可能朝这个目标改进。首先，在工作上和工作外均有朋友是一件好事。体现在工作上，朋友可以是自己所在部门和其他部门的同事，或者是同一职位的或比自己职位较高或较低的同事。仅仅寻求与你的上司或同级人士建立友情是一种相当老套的处理方法，从长期上看，可能对自己的职业生涯没有太大帮助。

建立老板与员工之间关系的指导原则是顺其自然、做好自己，而不是弄得人尽皆知。培养良好的关系是个好主意，这意味着"己所不欲，勿施于人"——通过表示尊重而非通过奉承实现。然而，友谊中的一个严峻考验就是扪心自问自己是否对老板或下属忠诚。如果你确实与老板建立了友谊，不要试图成为他们的代言人，如果相关同事鼓励你这么做，那么更要注意不该如此。

如果你已与老板或下属建立了某种程度的亲近关系，而你们在探讨与工作无关的话题，不要假设这会转化为有关职业发展的亲近优势。最好的办法是自我意识到要清晰地划清二者的界线。

还有一个问题是关于职业关系建立之前建立的友谊。这种友谊经常会因工作而受损，且这种冲突无法调解。如上所述，尽管很可能会存在溢出效应，但通常最好是将个人关系和职业关系分开。越过此类障碍需要理解、时间和思考，但从长期上看，还需要将其视为一种持久关系上的长期投资。

如果与老板交朋友，不能期望在工作上得到任何特殊待遇；老板不能对与之交朋友的下属偏心，尤其是在公众场合。事实上，他们期望你更加谨慎，展现更强的专业度。当老板需要你以纯粹专业的员工身份对话时，嫉妒或愤怒会被解读为不成熟的标志。

整体上看，我认为培养老板与下属之间的友谊是件好事，这是人性的自然发展。如果你在组织内，最爱的对话主题是批判老板，那么显然这里并不存在友谊关系。但是，与其加班晚归和玩"干掉老板"的游戏或重复观看《可恶的老板》等相关电影，还不如把时间花在读亚里士多德的书籍上。或者，也可以直接换份工作。

8.3 企业朋友圈：一种矛盾修辞法？

自发离开公司的情况通常意味着将把在公司建立的友谊抛开。尤其是那些被解雇或被竞争诱惑离去的人，他们的前同事通常会与之保持距离，以避免任何可能出现的利益冲突、误解，或被视为可能产生的不忠或打算走同样路线的可能性。离开公司有点像恋人分手，即使在没有诉讼的情况下，也会造成与离任人员断绝关系的情况。有时候，离职发生在几分钟之内，前员工就被要求清空桌面、切断互联网访问并被安排保安将其护送至前台。

最近几年，这些戏剧性的场景越来越少见，部分归因于兼职工作安排、短期合约、弹性上班制、在家办公和自由职业的增多。因此，加入和离开公司是一个更加自然的举动，专业人员继续以一种方式与前雇主合作这种情况也越来越常见。简言之，当我们加入一家公司，很少出现"山无陵，天地合，乃敢与君绝"的情况。同时，社交网络和互联网也使其与前同事们的联系变得更加便利。

我们还发现了一种趋势，即将离职的高管成员能起到为继任者铺路、承上启下的作用，离职前甚至与新进同事们共事一小段时间，直到他们适应环境再离开。我认为这种更为慎重的方法使得健全管理更具有意义。

一些组织在这方面做得更为深入,他们推出了与前员工维持和建立关系的举措。这种新方法的最佳案例可体现在许多大学的校友圈。他们的职责是扩大和发展更广泛的校友网络。尤其是针对往届校友及其家庭成员。在美国,筹资传统十分浓烈,这些人事实上是大学资金的主要捐赠者。他们列席校董事会或顾问机构,同时在社会和职业领域上代表母校。

许多公司也追随这一模式,寻求维持与前员工的联系。这方面的实践者是麦肯锡,[17]这种惯例目前已经延伸至其他顾问和专业服务公司,包括律师事务所和审计师事务所以及其他行业。在公司范围内,建立朋友圈社区的出发点源于财务驱动。例如,前员工能够帮助整合当前项目或带来新的业务,这种情况发生在顾问和律师身上,他们可以继续为前员工的客户效力。前员工也能够帮助公司发现和推荐人才。

鉴于他们往往与之前公司的同事保持联系,前员工也可以是敏感信息的可靠来源,他们通常乐于接受新的合作机会。而且,通过这种方式他们也拓展了现有利益相关方以外的公司关系网络。企业朋友圈也开始扮演前员工与同事们联络大使的角色。例如,无论总统的政治立场如何,已有大量的前高盛董事进入白宫就职。

并不是说建立企业朋友圈没有任何难度。在大学中,人们常说,最反对变革的利益相关方是教职工和校友圈。尤其是校友圈,往往对学校抱有理想的设想,希望所有的事物都保留他们记忆中的样子。同样,前员工可能对之前工作的地方有着非常过时的观念或印象,这使得采取变革或实施新政策变得困难起来。这也是企业朋友圈社区面临的主要问题:他们会成为变革的障碍,妨碍公司新愿景或商业机会的开发。

考虑开发企业朋友圈社区时另一个需要考虑的潜在问题是,前员工打算在离开公司之后做些什么。在关于涉嫌内幕交易的拉贾特·吉普塔案例中，媒体报道一直提及其前任雇主麦肯锡。[18]即便如此，不管有无企业朋友圈社区，潜在危险仍然时刻存在。

同时也要考虑阻止前员工泄露有关公司计划的信息，目前我们处于一个实时数据越来越透明的时代，将此类信息单独锁定在利益相关方的小群体之内越发是件难事。

企业朋友圈社区的存在会鼓励员工流动，如果员工和雇主之间的关系在员工离职之后继续保持下去，那么离职也并非是件丢脸的事。而且，许多公司根据"工作一段时间后要么升职要么离职"的原则实施人才发展项目，在这种情况下，朋友圈计划变得更简单清晰：离开公司事关准则问题，而非私人问题。

最后，当考虑设立企业朋友圈项目时，公司应首先考虑成本问题。除非前员工打算引进新的业务，否则很难说服利益相关方为项目进行投资。公司也有各种利益相关方需要关照，他们与公司更为亲近，且他们的利益与公司使命达成至关重要。即便如此，每位协调员维持约 3 500 位朋友的社区也是有可能实现的。

Xing 委托开展了一项值得关注的研究，该研究根据在公司的参与程度，将企业朋友圈社区分为三种类型：

（1）**独立基层**：正如其名称所示，是非正式组织，不是由公司设立的，往往被当作成员名录。据估计，领英上有 118 000 多个此类朋友圈群体。

（2）**公司支持的基层组织**：通常获得公司支持，尤其是信息和技术支持。宝洁公司是这种混合群体社区的良好范例。

（3）**公司管理的组织**：由公司建立、出资和运营。这种类型通常主要出现在专业服务领域，虽然许多跨国公司已经复制了这种模式。财富

500强公司约98%设有此类或第二种类型的基层组织。[19]

Xing的调查显示，加入朋友圈社区的大部分人是为了提升各自的就业前景和为了培养经理人创造机会，其他专业人士加入这种关系网的原因也大体如此。对公司而言，这也是发现人才和实施网络招聘的好方法。

以下是给已经运行朋友圈项目的公司和正在考虑这么做的公司的一些建议。

- 设立朋友圈社区需要遵循一个清晰明确的策略，而非仅仅是希望与前员工保持联系。正如我们已经看到的，设立企业朋友圈社区的主要原因是为了通过联络来提升业务和创造新机遇。这就要求密切监测朋友圈，以衡量这些目标是否得以实现。

- 在一些公司内的某些情况下，设立朋友圈项目可能行不通。例如，当大公司合并时，由认可前雇主而非融合结果的人士组成的高度多样化群体是很难管理的。在这种情况下，建立朋友圈社区很可能阻碍而非促进公司使命及共同愿景的发展或新业务机遇的发现。

- 当公司正在经历困难时期或当不同利益相关方存在冲突时，也会出现类似情况。此时，设立处理内部危机的朋友圈社区是错误的。非但不能解决冲突，甚至还会火上浇油。

- 对于员工人数低于500或营业额较低的公司而言，设立朋友圈社区也十分昂贵和低效。朋友圈社区对大型国际公司来说非常有意义，尤其是对于从事专业服务的行业，他们可以充分利用其全球网络的优势。

- 朋友圈社区可以有不同的呈现方式，重要的是使他们的使命与公司使命保持一致。如果公司管理社区，负责人则需要向董事会报告，以便于对社区相关的决策和沟通负责。

- 只要不是直接竞争对手，关系管理经验不是很丰富的公司可与其他公司结盟,共同管理朋友圈群体。也可以与业内经验丰富的商学院合作,向社区成员持续提供培训,保持朋友圈与公司联系的最好方式之一是有助于其职业发展。

- 虽然建立朋友圈社区的好处显而易见,但公司需要自行评估考量。并非所有的前员工都适合成为该社区的成员。管理会员的规则需要由公司订立,现实中,也有可能出现一些通过社交网络建立的朋友圈群体,它们是为了中伤组织而不是支持它而成立的。

现实情况是,大部分专业人士将在整个职业生涯为多家公司效力。但这并不意味着雇主不能与其员工建立长期关系,即便是在员工离职之后,通过企业朋友圈社区建立的这种关系仍然是互惠互利的关系。总而言之,如果双方在这段关系中投入了时间、精力和资源,期待未来产生协同效应也是合情合理的。

8.4 企业大学:玛泽案例

在过去 20 年间,越来越多的公司建立了自己的企业大学,目前全球约有 4 000 所以上的企业大学。[20] 企业大学的主要职责在于按照公司的企业文化培训经理人,发现和促进内部人才的成长,使经理人开发与企业战略相契合。最佳案例之一是通用电气的克劳顿管理学院,过去 50 多年间,克劳顿管理学院一直在提供内部课程,并与其他许多商学院联合推出课程。

企业大学的优势是通过在内部实施迎合公司战略的培训,同时减少培训成本。而不利条件包括,企业大学太过封闭,会错过从更广阔的教育界中获得创新的机会。同样地,企业大学的学历有时候并没有独立商学院或大学的学历那么令人渴望。

未来，我们将看到越来越多的企业大学成立，这很可能促成其与职业教育领域的其他参与者结成更广泛的战略联盟。

为更好地洞察企业大学的未来，我与玛泽会计师事务所首席人力资源与通信官 Laurent Choain 先生交流过，他负责监督全球会计师事务所企业大学的发展。[21]

问：是什么使玛泽大学与其他企业大学有所不同？

答：首先，这所大学嵌入在我们全球定位、战略和商业模式之内。我们是一家专业服务的公司，换句话说，是一个人才集约型组织，大部分由年轻毕业生组成，他们将花 3~10 年的时间与我们共事。他们寻求的是对复杂商业问题更高的专业解决能力，和顶级经理人的接触机会，以及快速练就管理责任的能力。职业给予他们技术层面的指导，但我们会锻炼他们的商业头脑和领导技巧。

我们的独特之处是成为业内推行合伙制的公司，由"事务所网络"模式主导。玛泽推行的以个体为主的合伙制，使全员在全球性的互惠共享体系中真正团结起来。最后，我们的企业大学本身就是一个关键的区别因素。作为一种教育职业，我们不能打败业界领军高校，因此我们需要让自己成为更智能型的组织。培训不是共享服务，而是人力资源政策的核心，我们希望成为创新实践的先锋。

问：贵公司为何推出玛泽 MBA 课程？

答：最初需求是为了协助建立一个领导人社区，以接任过去 30 年已经带领玛泽公司超常发展的伟大领袖 Patrick de Cambourg。在合伙公司中，继任绝对是内部的竞争活动。但作为一家足迹遍布世界 70 多个国家和拥有近 2 万名专业人士的公司，我们认为倡导我们称之为"共享领导"的新形式也是合情合理的。为建立领导人社区，我认为最好的方式是高管教育，一起共同学习，而不是由外部咨询顾问来告知接下来该做些什么。

我们考察了市场上供应的产品，但很快我们得出结论，目前经理人 MBA 课程提供的内容并不能满足经理人对于更简短、更便宜等最新需求。

问：项目已经取得的主要成就是什么，以及你对下一代 MBA 的未来有何设想？

答：这个项目的展开遍布全球，从加利福尼亚开始，由拥有经理人教育强大背景的顶级学术人员授课，总共涵盖 12 门核心课程。事实上，许多企业立即投入到该项目中，并成为了重复购买方，使得项目取得了重大成就。

第二项成就是参与者表达的高水平的满意度，他们是毕业于最好的商学院或工程学院的毕业生且已在各自公司开展顶级的经理人项目。LBS 或 HEC 朋友圈将下一代 MBA（由玛泽大学提供的硕士学位）放入领英档案的首要位置，这无疑是一项成就。

最后，这个项目是"低成本-高价值"。学费从 3 万欧元到 4 万欧元不等，包括住宿费，我们的下一代 MBA 课程展示了与高管教育与众不同的方法。就未来而言，下一代 MBA 课程的最好结果是它被广泛复制推行并被视为另一种选择。

问：当今经理人发展的主要趋势是什么？

答：如今经理人教育的难题在于商学院追寻"内向型"（对外界不关心）目标——从本质上看，就是将营收来源多样化，以平衡传统股东的损失和为昂贵的认证体系开支融资。同时，由于新兴市场涌现出越来越多的中产阶级，以及数字经济对管理实务的冲击，经理人教育正在蓬勃发展。

因此，商学院对于极为旺盛的需求提供的服务远远不够。高管教育中将会出现新的推动者。

问：你对经理人发展中使用技术辅助课程是否有信心？你是否接受玛泽大学的混合课程，将面对面授课和在线课程相结合？

答：是的，我们有信心。我们已经从一个基于 LMS 的方式发展成为以全数字思维模式为特征的学习平台。但是，仍有两个数字幻想：

（1）你无法从联系直接跃至信任，你需要通过会话进行过渡，通过会话建立信任。到目前为止，你拥有的最富有成效的会话是人际会话，而非书面形式。视频直播也是个选择。

（2）数字世界倾向于变得越来越"事务型"，而非关系型，即使它充满社交特征。

问：你是否在玛泽内部开发了评估计划，用于高管和学员的评估？

答：当然。举个例子，所有下一期 MBA 学员均通过一个"外部"评估中心的评估。目前，我们正在与合作伙伴一起开发一种新型评估中心，旨在展现 Y 时代学员的领导潜能，而不是基于 X 时代的标准。

注释

1. A. Smith, *The Wealth of Nations*, (ed. by A. Skinner) (London: Peuguiu, 1990) P. 118.
2. D. Hume, *Essays Moral, Political and Literary* (1977): "Of the Jealousy of Trade", (New York, NY: Cosimo luc, 2006) p. 334.
3. A. Grant, "Friends at Work? Not So Much," *The New York Times*, September 4, 2015. http://www.nytimes.com/2015/09/06/opinion/Sunday/adam-grant-friends-at-work-not-so-much.html.
4. http://www.gallup.com/services/178514/state-american-workplace.aspx.
5. A. Kacpercyk, J. Sánchez Burs. and W. E. Baker, "Social Isolation in The

Workplace: A Cross-Cultural and Logitudinal Analysis," University of Michigan. http://sitemaker.umich.edu/kacperczyk/files/social_isolation.pdf.

6. J. (Jay) Lee and C. Ok, "Effects of Workplace Friends on Employee Satisfaction, Organizational Citizenship Behavior, Turnover Intention, Absenteeism and Task Performance," Scholarworks, University of Massachusetts, Amherst, 2011. http://scholarworks.umass.edu/gradconf_hospitality/2011/Poster/123/.

7. See C. M. Riardon, "We All Need Friends at Work," *Harvard Business Review*, July 3, 2013. https://hbr.org/2013/07/we-all-need-friendsat-work.

8. http://www.forbes.com/sites/kareanderson/2015/04/16/four-ways-to-speed-shared-learning-and-camaraderie-at-work.

9. http://www.forbes.com/sites/erikaandersen/2013/05/31/21-quotes-from-henry-ford-on-business-leadership-and-life.

10. L. A. Hill and K. Lineback, *Being The Boss. The Three Imperatives for Becoming a Great Leader* (Boston, MA: Harvard Business Review Press, 2011), pp.49-57.

11. Aristotle, *Politics*, 1280b38-9.

12. Ibid., 1295b23-5.

13. Aristotle, *Nichomachean Ethics*, 1156b5-15.

14. A. C. Grayling, *Friendship* (London and New Haven, CT: Yale University Press, 2013), p.109.

15. G. Hofstede, "Dimensionalizing Cultures: The Hofstede Model in Context," ScholarWorks@GVSU. Online Readings in Psychology and Culture. Retrieved 6 September 2015. http://scholarworks.gvsu.edu/cgi/viewcontent.cgi?article=1014&context=orpc.

16. Tim Kastelle, "Hierarchy Is Overrated," *Harvard Business Review*, November 20, 2013.

17. McKinsey Alumni Centre. https://alumni.mckinsey.com. See also: http://www.economist.com/news/business/21597935-more-firmsare-seeking-stay-touch-former-staff-gone-not-forgotten.

18. Rajat Gupta. http://www.nytimes.com/2013/05/19/magazine/rajatguptas-

lust-for-zeros. html？_r = 0.

19. Xing，"Corporate Alumni Networks: Leveraging Intangible Assets，" August 29，2006. https：// corporate. xing. com/fileadmin/image _ archive/survey _ corporate_alumni_n.

20. P. McAteer and M. Pino，"The Business Case for Creating a Corporate University，" *Corporate University Exchange*，September 12，2011.

21. Interview held via questionnaire in November 2015.

第 9 章 管理与人文

9.1 不要打击人文学科

"17 世纪的小说能否让 21 世纪的总统垮台?"[1]《纽约客》于 2012 年提出的这个问题提到前任法国总统尼古拉·萨科齐在关于《克莱芙王妃》(一部 17 世纪法国小说)书评中引发的争论。2006 年的一场竞选活动中,萨科齐认为"只有虐待狂或傻瓜——任你选择——会将《克莱芙王妃》应用在测试候选人的提纲上。"[2]这不是失言,萨科齐在随后数年仍如此评价。也许就是这种看法导致了他的政府减少了基层公务员职位入职考试的文学问题数量。当时的国务秘书 Andre Santini 认为这个决定是合理的,理由是公共管理的入职考试应该避免"过于学术而又荒唐的难题,这些难题在揭示填补职位的实际能力上一无是处",他还表示倾向于纳入常识问题。[3]

我们都有权利表达观点,就我而言,《克莱芙王妃》是一部值得鉴赏的文学作品,尤其是对历史小说爱好者来说。作者拉斐特夫人(Madame de La Fayette,1634—1693)是当时最活跃的知识分子和作家之一,也是 Racine 和 La Rouchefoucauld 等其他著名作家的朋友。她会定期出席沙龙,客人们在此讨论和闲聊政治、文学、宗教和哲学问题。作为奥地利女王安妮——"太阳王"路易十四之母的侍女,她有许多宫廷秘闻的一手资讯,她的作品里也从知情人的视角做了生动描述。

《克莱芙王妃》被称为首部心理小说之一,描述了主人公经历的爱与责任的矛盾情感。故事发生在16世纪中期法国亨利二世统治时期,当时的反对派极力争夺权力,政治关系错综复杂,夹杂着私人轶事和性关系:"宏伟和英勇从未在法国出现",小说开头如是说。

即使是从政治视角来看,萨科齐的指控有些愚蠢。不出所料,它引起了近代法国最为激烈的文化辩论,在国际刊物也有转载。[4]这是法国文化建设针对萨科齐反精英煽动行为引发的过激反应吗?

无论他有何缺点,萨科齐并不是一个反知识分子的人:他执政期间政府投入增长了20%以上,而其他欧洲国家的同期类似预算则有所下降。

前任法国总统对工作技能而非大众文化知识需求的评论得到部分公众支持。依我之见,错在将这两个选项视为互相排斥。培养工作的必要实践技能并不排除培养常识。此外,我认为当今知识社会中任何职业的工作都需要文化背景。人文学科提供了粘合任何专业的知识与技能的胶水,同时也提供对这个复杂世界的了解。而且,要求移民人士申请公民身份时回答常识问题,这也是不公平的,因为这些问题并没有用于那些测试他们的公务员身上。

此外,太过注重实践性或应用性的,或大部分以规程为中心的,或对设定问题提供正确答案的职业培训将很快被淘汰,会由技术取代。事实上,面对面交流和通过互联网填写表格的差异在于人类和文化的智谋。

简而言之,认为人文学科对实际工作无用的想法是有误导性的。奥斯卡·王尔德的著名"艺术无用"论应理解为有教养并非等同于学习某一规程,或为既定答案的测试做好准备。但是它确实给我们提供了丰厚的文化遗产,这对任何涉及人员交流的职业来说都是必不可少的。

萨科齐对倒霉王妃的攻击是非常民粹主义的举措；有教养，通常与中上阶层联系在一起，常识考试可能确实歧视了那些没有享受良好教育特权的人，他们往往是社会上较为贫穷的人。而这个论断中可能也存在一些有悖常理的真相。我们面临的挑战并非是降低工作门槛，而是普及正式教育和大学教育，同时强调人文学科在我们生活中的价值。我认为以技术为基础的教育、开放式的课件和 MOOC（大型开放式网络课程）以及其他有前途的新发展都可以成为这项挑战解决方案的一部分。

人文学科应成为我们终身学习的一部分。他们不仅带来更多的意义、色彩和乐趣，也帮助我们应对不确定的复杂情况以及未来工作要求。

9.2 雅趣和管理技巧

"没有什么比研究美好事物更能改善性情的了，无论是诗歌、辩论、音乐或绘画。"有史以来最具影响力的哲学家之一大卫·休谟写道。他于 1777 年发表的短篇散文《雅趣和激情之精妙》是一本简单读物，我建议读者阅读，尤其是建议经理人阅读。[5]这位苏格兰思想家散文的宗旨在于人文学科的培养会带来美满的幸福，并培养了面对生活逆境时必要的适应能力。

为发展他的观点，休谟将塑造人类个性的精妙手法分为两种。第一种是激情的精妙，即对偶发事件和不幸体会的情感强度。激情精妙程度较高的人可能在愉快的环境下觉得更加快乐，而在面对逆境时会比那些性情冷静和沉着的人更加悲伤。"充满热情的"人可能以最少的精力打造炽烈的友谊，热切重视荣誉和认可。但是，对他们稍作批评时，他们也会变得非常沮丧和愤愤不平。与他们截然相反，那些沉着冷静的人在人生的起伏中会以超然的态度作出反应。休谟总结道，考虑到一切事物，沉着比激情更好，因为生活总是痛苦比欢乐多，并且我们未必能自己创造出好运。

休谟提出的第二种精妙类型是雅趣的精妙，由培养知识和文科学识发展而来。雅趣精妙程度更深的人能够重视和享受美好的文学作品或音乐等，并能够从中体会到真正的情感愉悦。而缺乏雅趣精妙的人可能在接触艺术或诗歌作品时无动于衷。

休谟说："我们更渴望得到和培养出精妙的雅趣，而悲叹细腻的激情，如果可能的话，我们还会去弥补后者。"[6]他的结论是基于一个事实：我们能够选择雅趣的目标，而影响我们激情的好运气或坏运气并不受我们掌控。而且，雅趣的精妙可以自愿培养，正如哲学家们一直以来的主张，聪明的人靠自己得到幸福，而不是靠机会或外部环境。

休谟散文中最有意思的观点是，雅趣精妙的培养会与激情精妙相互作用，前者甚至会压制后者的消极影响："再没有什么比培养更高级和更精妙的雅趣更能治愈我们这种激情的了……培养人文学科兴趣的一个新理由。我们的判断会通过这种训练加强：'我们应构建更加公平的生活观念：令他人愉快或痛苦的许多事物对我们来说太过轻率而无法吸引我们的注意力；以及我们会逐渐失去那种敏感性和激情的精妙，这显得如此狭隘。'"[7]其核心是坚信教育和知识培养会改善一个人的性格，发展为更加自主、自由的个性。

显然，实现雅趣的精妙是一个长达一生的旅程；期待仅仅从阅读经典读物或欣赏歌剧中得到即时效果是不可取的。

拓展我们雅趣的精妙也能帮助提高跨文化管理技巧。在另一篇文章中，休谟解释道："你永远无法说服一个不习惯意大利音乐以及不欣赏其复杂之处的人，让他们认为苏格兰曲调真的比较差。"[8]

我认为一个人同合作伙伴、配偶和家庭成员间共同进步的精妙之处，在于能够加强参与者之间的认知亲和力与友谊，有助于建立可持续、长久的友谊。用休谟的话来说："雅趣的精妙有利于爱情和友情，它把我们的选择局限在少数人之中，使我们对公司和大部分人的交谈漠不关心。"[9]

商学院和企业大学的教育项目，以及经理人教育项目会包括人文学科的课程。坦诚地说，在 IE 商学院依此学习 7 年会产生令人惊奇的积极效果。

9.3 战略意图和《白鲸》

"捕鲸船如同我的耶鲁大学和哈佛大学。"赫尔曼·梅尔维尔《白鲸》的叙述者以赛玛利承认道。[10] 考虑到强烈的人文互动以及严格的船员等级、不利的天气情况，结合艰难而不容置辩的任务，海上生活毫无疑问已经激起了许多关于管理和领导的研究。梅尔维尔在与同龄年轻人海上生活的同时，拟写自己的第一手航海奇观，他的经历普遍反映在他的作品之中。

但是，我更感兴趣的是亚哈船长，这部小说的中心人物，以及他对猎杀白鲸莫比·迪克的痴迷。这头白鲸曾经在一次航行中咬掉他的腿。亚哈对莫比·迪克的痴迷使我想起哈默尔和普拉哈拉德在 1989 年著作中提出的战略意图的商业概念，他们分析了一些日本跨国公司如何通过全神贯注于一个非常清晰的战略目标，而在 20 世纪 80 年代追赶美国和欧洲的工业巨头。作者解释道，"战略意图是对组织各级取得胜利的痴迷并将这种痴迷维续 10 到 20 年以追求全球领导力。"这种战略意图的一些案例包括：

- 小松集团：包围卡特彼勒
- 佳能：打败施乐

- 本田：成为第二个福特

战略意图应该清晰、可理解，与公司资源以及环境所致机会相匹配。亚哈船长杀死莫比迪克的战略意图是否可行？我通过分析战略意图的主要特征来回答这个问题。

战略意图应关注组织对获胜本质的注意力。显然，杀死莫比·迪克并没有实现获胜的本质。相反，这是亚哈的痴心妄想，这种妄想不应该由其船员承担。在这一点上，大副斯塔巴克与亚哈辩论，认为船的目的在于猎杀鲸鱼取得鱼油，幸运的话，能够大获全胜、安全快速地返航。考虑一下如果亚哈指挥船舶"裴廓德号"去完成这一战略意图而成为新英格兰的捕鲸冠军的情景。当然，若采用这个备选目标，那么一切都会有所不同，但仍然保留了其海洋史诗的本质。

战略意图应通过传达目标价值来激励人们。这种情况并没有发生在"裴廓德号"船上。亚哈只是在船驶离楠塔基特岛后告诉船员任务，他们不能弃船。相反，他拿出一枚金币放在桅杆上，承诺任何看到莫比·迪克的人都可以得到它，但小说最后，他说他自己赢得了这枚金币。

战略意图应给个人和团队贡献留些空间。亚哈并没有给异议或其他想法和建议留下多少空间。如上所述，斯塔巴克试了两次都没有说服他这个任务是轻率鲁莽的。书中的另一个神秘角色以利亚，预测了如果他们遇见莫比·迪克会导致"裴廓德号"的灾难性结局，但是亚哈却无视这个预言。

战略意图应能保持人的热情，即随着情况变化而提供新的可行的定义，并始终利用这种意图来引导资源配置。但是，"裴廓德号"船员对船长的屈服顺从更多是基于害怕而非热情。而且，亚哈狂热般地坚持自己的目标，完全不考虑他们从遇见的其他船只的船员处所收集而来的信息，他们在广阔的大海上遇见过不止两艘船只。在其中一艘船上,亚哈见到了"撒母耳·恩德比号"布姆船长,尽管他已经在莫比·迪克的攻击下失去了一只胳膊,但仍然十分冷静和理智。布姆试图说服亚哈不要追逐莫比·迪克,但这只会更加激怒亚哈。

考虑到亚哈的精神状态,很难理解为何他能够执掌控船员,为何他们没有违抗上级命令。令人感到不可思议的是,恐惧和盲目服从可能会导致集体灾难,正如"裴廓德号"船员(除以赛玛利外)在与莫比·迪克进行史诗般战斗后沉船消失一样。这个故事以及真实商业生活中其他类似插曲使我得出结论,即真正的领导实践应该是理智的行动,服从领导的人仍然有权对要求自己执行的命令提出质疑。事实上,商学院的挑战之一是如何训练能够忠于自己组织和老板的好的领导和经理人,同时他们又能培养一些关键性技能以证明他们确实忠实于他们的利益相关方。

战略意图应该平衡雄心壮志与公司面临的各种风险的正确理解。"在我的小艇上,我不欢迎不怕大鲸的人。"斯塔巴克向船长说道。以赛玛利解释道:"他这句话,似乎不但是说能对所面临的危险加以正确估计的,才称得上所谓切实可靠的勇敢,而且是说跟一个大无畏的人做船伴,比跟一个懦夫做船伴还更危险。"[12]

9.4 李尔王给我们的关于家族企业的启示

一位年老的父亲希望退休,他召集后代来宣布财产将如何分配。他打算趁自己还活着的时候,将经过长期艰苦努力而获得的企业移交给他的后代。遗嘱受益人是他的子女,他相信子女会继承他的遗产并进一步发扬光大。在此过程中,他根据自己的原则,尊重传统,尽量做到公平公正。但在这之前他并没有问他的继承者们想要的是什么。令他惊讶的是，其中一个女儿拒绝了分配给她的遗产，并表示她只想照顾病重的父亲。这位父亲被激怒了，他不仅将其从遗嘱受益人里排除，还将其逐出家族领域。莎士比亚很清楚，李尔王这种例子在现实生活中屡见不鲜，尤其涉及到家族企业。

李尔王把她女儿的慷慨误解成了忘恩负义，随后导致了他的毁灭和孤独这一悲剧性结局。他的另外两个女儿，假装尊重他的愿望和关心他，最终却使他一贫如洗。有趣的是，我发现一些企业创始人认为后代拒绝在家族企业工作是一种忘恩负义的行为。

我记得有一个不幸的家伙，在读完 MBA 之后，拒绝了父亲给他的工作建议，转而去寻找咨询类的工作。他的父亲不仅反对，还试图阻止招聘人员雇佣他儿子。更夸张的是，这位父亲认为他这是在保护他儿子的将来。继任对家族企业来说都是一个关键时刻，而且经验表明，父母不应该对其子女的职业选择抱理所应当的态度。

财产与管理是两个特别复杂的领域。公司继承人应该想清楚是否将这两个领域的工作混合在一起，或者是将经营管理的职位留给更能胜任并且更乐意做这份工作的人。虽说如此，企业二代和下一代们在接管家族企业之前也最好先掌握好管理技能。

最后，我想抛出以下几个问题：首先是"我们每年应该读多少本书？"这个问题的答案很大程度上取决于我们阅读的速度、读书的品位以及我们在阅读这件事上投入的精力。但我觉得目标定为每周阅读一本书是个不错的主意，这样一年下来差不多 50 本。尽管如此，在阅读这件事上，质量远比数量重要。

另一个我们要问自己的问题是"我们是否应该读完每一本书？"传统意义上来说，读完每一本书被当作是一种义务，一项跟康德义务几乎一致的任务；这在文学课程上来说，就是学术义务了。

而且，经验表明，坚持不懈读完一本表面上看起来似乎很费解的书，最终会受益匪浅的。因为随着时间的流逝，你会更明白作者隐藏的含义和意图。我得承认，在没有足够的决心和时间来读完一本书之前，我曾经 3 次将詹姆斯·乔伊斯的《尤利西斯》拿起后又放下。现在，我的努力结出相当多的果实。我通过这本书的内容来借鉴和思考日常生活中突然出现的那些想法和联想，以及跟朋友和同事之间互相讨论有趣的观点和话题。

即便如此，有些人认为我们如果不喜欢一本书，最好的事是停止阅读，因为英国作家和评论家蒂姆·帕克斯曾经说过："叔本华对阅读有很多想法，也写过很多关于阅读的文章，他同意约翰逊博士的说法，即人生苦短，对于那些'不好的书'，读几页便能对一位作家的作品有个临时的评估。"总之，如果一本书无法使你信服，中途放弃也是完全可以的。[13]

帕克斯还强调，作为一个成年人，我们应该拥有一种能分辨什么时候能从一本'坏书'里跳出来的直觉，而且我们应该放下年轻时候那种对每一本开始读的书都要完成阅读的义务感。作为所有文化输出的消费者，随着时间的流逝，我们已经变得更苛刻，更有时间观念。当我们失去兴趣的时候，我们更倾向于放弃，不管是一本书、一部电影还是一段音乐。帕克斯甚至还指出，当我们在一本书上享受足够多的乐趣之后应该停止阅读。他补充说明，这是因为有些名著本身是未完成的，如果给这些经典文学作品推测另类的结局，可能会更有趣。从我自身经验来看，我觉得有一些最受赞誉的文学作品的结局反而有点让人失望，肯定可以进行改善。

还有一个我们必须放下对每一本书都要完成阅读的义务感的原因是我们每年要完成 52 本书的目标明显更现实。

另一个与众不同的问题是，我们有意识地以及可能是有正当理由地对一本书失去兴趣，是因为我们无法专心。我们生活在一个有很多干扰的时代，我们的大部分时间都在同时进行多项任务，如查邮件、回复信息、处理环境噪声以及周围人的活动。

当然也有一些人令人羡慕，他们可以同时阅读好几本书。在我看来，这种练习取决于一个人想要对一本书进行多深入的探索，以及进行多项任务的技能，这就需要在放松注意力之前把焦点从一件任务转移到另一件上。

事实是，阅读这件事是无法与其他事情同时进行的。如果我们想要完全欣赏和领会一本书的内容，那就需要全身心投入，这也是为什么很多人喜欢在飞机上阅读，因为飞机是少有的几个能使我们与世界隔绝开，并享受这种隔离的地方之一。

当代的数码科技如电子书和有声书，扩大了我们的阅读体验。我很喜欢有声书，经常在旅行或者健身的时候听。有很多关于有声书的批评声音，说听的体验比不上阅读的体验，但应该提醒下他们，在印刷术发明之前的几个世纪里，甚至在印刷术发明之后，以小组为单位大声阅读才是常态。

如《深夜小狗神秘事件》的作者马克·哈登所说，不管我们是独自阅读还是阅读给别人听，阅读从根本上来说，主要是一种征兆，代表我们健康的想象力，代表我们对这个世界以及其他世界的兴趣、代表我们保持寂静平和的能力，同时也代表我们具有白日做梦的能力。[14]

与朋友和家人讨论我们正在阅读或者刚刚阅读完的书籍总是好的。那些关于书如何对我们产生影响的对话不仅让人愉快，还能提高我们的判断能力和提出论点的能力。

在开始阅读一本书的时候，我们应该给自己设定一个期限。如果我们决定采取更悠闲的方法阅读的话，这个时间可以随时延长。设定时间期限也可以迫使我们在不喜欢一本书的时候考虑是否放弃。

我们应该尝试阅读尽可能多的流派的书。小说可以激发想象力，让我们深入了解这个世界以及他人的一些行为；诗歌则促使我们抒情，提高我们的敏感度；传记和历史可帮助我们与其他历史时期的人物建立联系，看到几个世纪以来的共同点，帮助我们更好地了解周围的世界。

对书的选择反映了我们的判断标准和偏好，虽然欢迎朋友和同事推荐好书，但不要让他们对我们的选择有过多的影响。定期查看畅销书单，以及阅读主要国际报刊的书评。同时也要花一些时间去逛逛书店或者专门的网站。同样地，通过一本书的封面来判断书的内容是没有错的；如果有人不辞劳苦，想出一个有吸引力的、夺人眼球的设计，那可能因为这本书本身有其价值所在。

尽管我喜欢看经典作品，但我相信我们也应该花点时间看一些当代的作品，尤其是一些来自其他文化的作家的作品，这些作品可以帮助我们更好地了解周围的世界，帮助我们与世界各地的人们联系起来。通过这样一种方式，能使我们更好地了解多样性，甚至可能使我们对不同的世界观更加宽容。这样，也能提高我们的世界主义情感和作为世界公民的能力。

9.5 通过冥想获得平衡

在历届罗马帝王中，很少有对写作感兴趣的人。其中一个例外是马可·奥勒留（121—180），他的巨大的骑马塑像至今依然留存于罗马的卡皮托山博物馆。马可·奥勒留那时候的罗马面临内忧外患。在内部，有几股政治和文化的反对派势力。与此同时，罗马神灵信徒与基督信徒之间关于旧的信仰的斗争，也开始侵蚀到罗马的习俗和法律所代表的旧观念。哲学方面，斯多噶派、伊壁鸠鲁派，以及柏拉图主义和其他希腊哲学家等外来引进教义的支持者们都试图夺取属于自己的优势地位。马可·奥勒留从教育和自身修养上看，都是属于斯多噶派。基本上，斯多噶派认为要达到完美，必须要有自制力，加上理解能力，接受自然以及事物的原本状态。

这一世界观影响了马可·奥勒留的《沉思录》。[15]互联网哲学百科全书解释说，"马可·奥勒留不断反思哲学思想，也许更重要的是把它们写下来，试图使其大脑适应新的思维方式。"

这事我们很多人也能做到。通过撰写博客或者日记来表达你的想法和念头有以下两个好处：①通过描述你的行为，可以赋予你的决定和行为更深层次的含义；②这是一种明确表达自己信仰和价值观，并重塑和内化它们的很好的方式。

《沉思录》里的许多格言似乎是重复的，但当经理人必须面对失望、失败以及其他挫折时，这些格言可以帮助他们。我选取了如下：

- 每日清晨对你自己说：我会遇到好管闲事的人、忘恩负义的人、狂妄无礼的人、善欺骗的人、嫉妒的人、孤傲的人……我不会受他们任何一个的伤害，因为我们生来是为合作的，如双足、两手、上下眼皮、上下排的牙齿。

- 一般人隐居在乡间，在海边，在山上，你也曾最向往这样的生活。但这是最为庸俗的事情，因为你随时可以退隐到你自己心里去。

更深入的自我认识、冥想、静观，随你如何称呼，越来越多的高管教育课程鼓励经理人探讨内心精神世界，从而提升他们的工作表现。

9.6 养成放眼世界的态度

你去年去了几个大洲？除了英语，你还会其他什么语言？你是否在国外生活或工作过？你可能没有这样的机会或时间，但全球化的视野更是一个心态问题，和经常赚取飞行里程数的效果是一样的。伊曼努尔·康德是一位非常有影响力的哲学家，他一生从没离开过他的家乡柯尼斯堡，他的作品《论永久和平》是关于全球化的首篇文章之一。

确实，过去几十年来，全球化已经囊括了文化、社会关系、经济尤其是商业领域。问题不在于你所在的行业是否全球化，而是全球化程度如何。[16]

有趣的是，全球化促进了两种完全对立的趋势：一方面是产品与服务的标准化；另一方面是差异化程度加大，且地方和区域特征愈发鲜明。

在这种情况下，经理人必须要有全球性思维。为了练习这种思维，请看如下建议：

- **为你的公司培养全球愿景**

首先要心怀国际，要想着如何出口，而不是守着当地市场。你的产品和服务能销往哪个国家？你的国际竞争对手是谁？请记住著名的战略大师加里·哈默尔的那句格言："某车库里有一个企业家正在造一颗子弹，上面刻着你公司的名字。你现在只有一个选择——先开枪。"我想补充下，他提到的车库可能位于亚洲或者非洲。

- **考虑用其他策略发展国际市场**

你能否用一个或多个或以下策略销售产品或服务：①内部增长；②收购其他公司；③特许经营；④通过战略联盟。以上策略的选择均受制于社交、移动通讯信，以及云计算等科技的发展对你的商业模式的影响。

- **培养兴趣，关心国际大事**

对于正在发生的影响经济与商业的国外大事发表你的观点，但不能自以为是。你可能无法经常去国外旅游，但你可以跟踪国际媒体，阅读外国文学，看国际电影，开始慢慢熟悉其他国家的人文习惯。

- **培养外交技巧**

换句话说，就是入乡随俗。当我们深入了解这些文化时，大多数人关于其他文化的陈词滥调就会暴露出来。事实上，成功做成国际业务主要的障碍是文化优越感。思想开明是跨国 CEO 在寻求国际人才时最看重的特质之一。

在这一点上，我得提一下 13 世纪威尼斯商人马可·波罗在被监禁之后向其狱友鲁斯蒂谦口述的第一篇关于国际商业的报道《马可·波罗寰宇记》。[17] 从商业的角度来看，这本书很有趣，体现在以下 3 个方面：

（1）它展示了商业是如何促进地理探险以及传播外国文化知识。根据第一页的记载，故事的主人公，马可·波罗、他的父亲和他的叔叔，"他们来自于一个因其智慧和远见卓识而著称的富裕家庭。在一番商量讨论之后，他们决定穿越黑海，并希望这是一次有利可图的冒险。"事实上，他们去的地方太远了。他们从克里米亚半岛移居到今日的乌兹别克斯坦，更远到过契丹（当时欧洲国家对中国的称呼），在那里他们服务于元朝皇帝忽必烈。这本书用图表记录了波罗一家如何经过印度、阿拉伯海、克里米亚半岛回到欧洲。他们去的每个地方，商业都扮演着很重要的角色。这本书也给我们提供了很多奇闻轶事，证明了贸易与当地人民关系的重要性。

（2）这本书也诠释了外交技巧对于跨文化管理的重要性，对于当代全球经理人是必不可少的，就像马可·波罗在他的国际冒险中的作用一样。

（3）这本书还表明，我们想象的世界跟所谓的现实相差无几。从马可·波罗奇妙的探险里，我们知道，亚历山大大帝建造城墙是为了防止鞑靼人的侵入，一个经历辉煌与衰落的地区，一个塔楼上面满是宝藏但国王却饿死的地方，一个恶魔模仿朋友的声音和特征使旅行者迷失方向的沙漠，以及亚当的坟墓位于一个山顶上。马可·波罗的许多同龄人不相信他所说的，并质问他的探险是真实的还是虚构的。

9.7　如何成为一个优秀的经理人：理想主义还是实用主义？

塞万提斯在他那本著名的、被许多人当作是第一本当代小说的《堂吉诃德》[18]中充分表达他的观点：理想主义和实用主义既对立又互补，是对这个世界形成的互惠互利的两种憧憬。但是，有文学研究者建议这本书应该取名"堂吉诃德和桑丘潘沙"。因为作为这本书的两位主人公，他们分别代表了个性的两个方面，应该得到同等的认可。如果将这两种个性结合在一起，可以实现完美的平衡。

堂吉诃德是世俗的、理想的，经历了艰难时世，同时也是夸大妄想症的受害者。虽然骨瘦如柴，但他觉得他有责任恢复骑士精神的荣誉。

作为堂吉诃德的免费侍从，桑丘潘沙正好相反：他矮而结实，脚踏实地的生活。他的工作就是照顾这对古怪夫妇的日常生活。他甚至有资本主义嗅觉——在16世纪的西班牙是很罕见的，当他发现菲亚拉布拉所谓的魔法香膏有治愈效果，他开始想着如何大批量生产这个东西。

这两位主人公代表着阴和阳，使他们成为世界文学史上最互补的一对。尽管各有不同，他们仍然喜欢对方。堂吉诃德和桑丘具有许多公司高层管理人员所需的性格特征。事实上，理想主义和实用主义不容易在同一个人身上找到。一些管理者有战略眼光，拥有创新的热忱，然而另一些人的定位则是财务和绩效方面。有些是抗拒风险，比较保守，非常适合危机时期，然而其他人则适合在公司增长时期推动公司的发展。

许多公司由理想主义者（如堂吉诃德）和实用主义者（如桑丘）经营。其中一个典型的例子就是，荷兰电子集团飞利浦公司的初期管理。在进行扩张的头几十年里，公司由两位创始人兄弟共同管理：一位专注创新，一位管理市场需求。

另一个典型的例子就是史蒂夫·乔布斯和时任百事可乐公司CEO的约翰·斯卡利管理时的苹果公司。乔布斯的理想主义、战略眼光与完美主义的组合，与斯卡利的营销人才与绩效导向的风格相结合，但这个协同合作最终以乔布斯在权力斗争中的惨败收尾。事实上，乔布斯的堂吉诃德性格和他古怪的喜怒无常的态度（有些人甚至说是一种现实扭曲）在那时达到了巅峰。[19]遗憾的是，斯卡利也不是那个能给予帮助和支持的桑丘。

根据自己过去的经验，以及同事和教练的评价，你觉得自己是一个理想主义者还是实用主义者，是一个堂吉诃德还是桑丘？你可能两种因素都有，但如果你更倾向于其中一个范围，也许你应该考虑通过任用与你性格互补的高层管理人员来中和公司里的这种不良效果。史蒂夫·乔布斯承认他以前的错误，在第二次担任苹果公司CEO的时候进行了改善。

桑丘说："天哪！我不是跟你说了吗，仔细着点儿，那不过是风车。除非自己的头脑给风车转糊涂了，谁还不知道这是风车呢？"桑丘是对的吗？还是他没有明白他主人的想法？也许我们需要记住，有时候我们对现实的看法跟发生在身边的现实一样重要，有人能提供不同的视角也并不是一个坏主意。

注释

1. E. Zerofsky, "On Presidents and Princesses," *The New Yorker*, November 8, 2012. http://www.newyorker.com/books/page-turner/of-presidents-and-princesses.

2. h-france.net/fffh/princesse-of-cleves/.

3. Ibid.

4. www.theguardian.com/commentisfree/2011/mar/23/sarkozy-murdererprincess-of-cleves.

5. www.davidhume.org/texts/etv1.html.

6. Ibid., DT 3.

7. Ibid., DT 4.

8. "The Sceptic," in *The Philosophical Works of David Hume*, edited by T. H. Green and T. H. Grose. 4 vols (London: Longman, Green, 1874-75), p. 217.

9. www.davidhume.org/texts/etv1.html, DT 7.

10. H. Melville, *Moby Dick* (New York: Bentham Classics, 2003).

11. G. Hamel and C. K. Prahalad: "Strategic Intent," *Harvard Business Review*, May-June 1989.

12. Melville, *Moby Dick*, Chap. 26.

13. Tim Parks, "Why Finish Books?", *The New York Review of Books*, March 13, 2012.

14. Mark Haddon, "The Right Words in The Right Order," in *Stop What You're Doing and Read This*! (London: Random House/Vintage Books, 2011), p. 90.

15. Marcus Aurelius, *Meditations* (London: Penguin Classics, 2003). http://www.iep.utm.edu/marcus.

16. Cornelis A. De Kluyver, "Fundamentals of Global Strategy: The

Globalization of Companies and Industries," Harvard Business Publishing, August 2010.

17. Marco Polo, *Description of the World*, edited by A. C. Moule and Paul Pelliot (New York and Tokyo: Ishi Press, 2010).

18. See Carole Slade's 'Introduction' to M. de Cervantes, *Don Quixote* (New York: Barnes & Noble, 2004), p. xvii.

19. Andrew Hertzfeld: "Reality Distortion Field." http://www.folklore.org/StoryView.py?project=Macintosh&story=Reality_Distortion_Field.txt.

第 10 章
创造良好的学习氛围

10.1 团队合作的价值是否被高估？

"在个体中，疯狂是罕见的。但在团体、政党、国家以及各个时代中，疯狂是司空见惯的。"德国哲学家弗里德里希·尼采如此写道,[1]他晚年时也颇受痴呆症的折磨，悲剧性地将自己变成了"疯狂"的人。

他本来没有注意到这个词语，但在某种程度上，尼采谈论的是"群体思维"，即一种以多种方式定义的动态：当群体成员试图避免冲突、达成一致，而未适当评估其他观点时，无论是通过隔离自己或压制异议者，这种情况都会发生。

由于公司必须执行的任务具有复杂性——需要融合专业人士的活动或将业务运营国际化，公司内部的大部分工作均以团队形式展开。团队合作是各类型组织 DNA 的组成部分，而商学院则热衷于让学生以小组形式工作，目的在于使组长带领团队并实现高产出。

但是，我有时会疑惑，如果我们不去高估团队合作的成果，让那些宁愿单独工作的人经常独自行动，或许也有一定的道理。有时候，团队合作的优点反而会成为其毁灭的种子。紧密团结、灵活变通、合作精神和求胜意志强大的团队，各成员均积极向上，这样的团队也会产生一种所向披靡的精神与众志成城的势头,这导致他们排斥与所谓一致立场相矛盾的任何异议、其他信息和数据,并将任何异见者妖魔化,同时使团队领导看不见那些不受欢迎的外部想法。[2]

你是否见过一个销售团队"一致"拒绝某一畅销产品的推出,如利用其会分拆现有产品市场的借口,或者抵制某一明显差异化产品的涨价。你也许见过 IT 部门拒绝外包某一特殊服务时表现出的集体抵制。

团队合作批评者说,伟大的艺术作品以及众多科学发现多是一个伟人的努力成果,纵然他们可能已从各自文化或社会的集体努力中获益。有史以来最伟大的 100 部小说中,无一是集体创作的,[3] 伟大画作或交响曲也无一是集体创作的。[4] 一些人可能会说,莫扎特与剧作大师达·蓬特的通力合作才造就了他最精致的作品,但他的创作天赋远远胜于那位剧作家。

苏珊·凯恩在《内向性格的力量》一书中提到:"研究表明,人们在享受不受打扰的隐私和自由时更富创造力。而且,众多领域内最引人注目、富有创造力的人才往往是内向型的……。他们足够外向去交流和探讨想法,但他们将自己视为独立和个人主义者。他们本性并非爱掺和之人。"[5]

凯恩提到"编码战争游戏"研究,这项研究分析了来自 92 个国家的 600 位计算机程序员的工作成果,研究显示成果最好的公司并非那些资格最老或薪酬最高的公司,而是那些向员工提供隐私、私人工作空间且程序员不经常被打断的公司。

凯恩还引用了苹果公司合作创始人斯蒂夫·沃兹尼亚克在其自传中写到的话:"我遇到的大部分发明家和工程师都与我相似……他们靠头脑生活,几乎跟艺术家一样。实际上,其中最出色者的就是艺术家,而艺术家独自一人时工作最出色……。我要给你一些可能难以接受的建议,这个建议就是:独自工作……。不是在委员会,也不是在团队里面。"

频频针对团队合作的另一种批评是其会鼓励一些成员袖手旁观而让其他人投入工作,并且当事情不妙时为他们提供了一个很好的借口。在日本,如果某个团队把事情搞砸了,那么他们预计会集体辞职,承担集体责任。在西方,最坏的情况下,团队领导下台,而团队的其他成员则在某种程度上免于为他们共同做出的决定担责。

尽管存在固有弱点,团队合作仍然会产生优异的结果,并且在企业界必不可少。那么为了避免趋同思维风险、提高个人创造力、使团队共享成功并共同为失败担责,可以采取哪些做法呢?

- **决策程序要有效,避免为求达成一致将问题过分简单化**。他们必须同时平等参与研究,共同寻找创新解决方案。我倾向于推荐那些做出重大战略性决策时不依靠大多数投票的集体,因为这种方法通常会导致常规结果或维持现状。相反,我认为他们应根据各自技能指定团队的领导者,给予必要的资源,让每一个人都可以畅谈自己的想法,并且允许领导者做出决定。

- **相对频繁或按既定时间周期轮换团队领导也不失为一个好主意**。无论团队成员是否具有更加突出的领导能力,轮换领导制可以添加一个新的维度,让人表达新的想法。对那些具有较强领导能力的人来说,这也是其与同事相互学习、取长补短的机会。

- **多样性对成功群体来说至关重要**。群体中若有女士存在,则往往更容易产生同感和共鸣,但群体的文化和种族多样性也同样举足轻重。工作组的重点是将观点各异的人团结起来,汇集一系列关于商业或某一行业的多种见解。从逻辑上说,组长的角色在于尽可能多地实现这种多样性,并提出能说服团队中其他成员同意的解决方案。团队成员间的同一性是导致趋同思维产生的因素之一。

- **3C**。伦敦经济学院的本杰明·瓦埃（Benjamin Voyer）号召大家在团队工作中实现3C：合作（Collaboration），无论个人观点如何，团队中所有队员能够朝同一目标努力；协调（Coordination），通常是团队领导的职责，以使手头任务按计划展开，每个队员均有所贡献；沟通（Communication），沟通对于避免误解十分有帮助，而误解是队员之间产生冲突的原因。[6]

- **团队合作意味着采取一个有建设性的、积极进取的方法**。主要风险之一在于一些成员会袖手旁观，这就需要团队领导对其进行督促。对团队领导来说，重要的是要培养大度、共鸣和沟通精神，同时避免唐突和多嘴，要寻求执行既定方案的方法，尽管从一开始并非每个人都就该方案达成一致。

有时，与某一团队成员讨论我们不太令人满意或表现不佳的MBA项目时，他们告诉我这个团队比其他的糟糕，他们的队员贡献并不平等。我回应道，他们的团队可能只是没有其他的好，而解决问题的办法在于各队员表现出的能力。在IE商学院，当分配团队时，我们总是力争多样性，以期激起学习的协同效应和人际互动。队员的培训和背景以及其学术成绩和录取考试也纳入考虑范围。

我们还和自己的小组一起工作，尤其是在项目早期，合作方式有练习、角色扮演、反馈和团队合作会议，目的在于增加成功的机会。有时一些团队就是不起作用，无论是因为性格差异还是常见错误。在这种情况下，我通常会提醒那些参与者，问题不在团队本身，而是缺乏领导力和情商。

- **分享一个巩固高度多样性团队的建议**。我们在IE商学院得到的经验是，以一种混合模式工作，结合课堂教学和在线学习，会产生比纯粹面对面教学更加优异的团结合作成果。在线合作的团队会培养一系列技能，往往比那些在教室合作的人态度更加谦和。每个成员的贡献往往也会更均衡，也许是因为在数码格式中个人工作会体现得更加有形和恒久。在传统的面对面教室场景中，人很容易退出参与。在线互动也允许队员之间进行更深入的交流，有助于巩固关系并让人更加坦诚。

不出所料，苏珊·凯恩也倡导在线合作的优势，如发挥多样性的最大功效，考虑到"性格内向的人比外向型的人更有可能在网上发表自己的内心想法"。[7]许多公司会从结合面对面教学与在线教学元素的混合型课程中获益，这是发现有领导潜能的内向者的一个方法。凯恩补充道，在线团体的头脑风暴会产生比个人工作或团队面对面工作更好的结果。最好将个人工作与团队努力结合起来。

阿尔伯特·爱因斯坦如此写道："我单枪匹马，不成群结队。我从来没有全心全意地属于国家，属于朋友圈，甚至没有属于我的家庭。"[8]但对我们许多人来说，考虑到团队合作在某些时候可能无法避免，且我们也不必放弃单独工作的权利，了解如何在团队中做好工作会是一次高回报体验。

10.2 培养企业家思维

美国亚利桑那大学天文系副主任克里斯·殷匹教授在《超越：宇宙中我们的未来》[9]一书中提到众多话题，这本书可读性强，是他针对太空探索开展的研究成果，在书中他表示向前迈进、开拓未来是我们的基因发挥并将继续发挥的作用，基因是驱动人类发现新世界的永恒动力，无论是在地球上或者是宇宙中。

殷匹引用了 DRD4 基因的 7R 变异体，即每五人中就有一人携带的基因变异体，它能控制多巴胺这种冒险者、外向者和探索者通常带有的化学物质。这种基因变异体被认为大约出现在四万年前，我们的祖先大概那时开始迁出非洲，其远迁别处的后代基因可以证明这一点。对殷匹而言，探索的意志"深深植入我们的 DNA"，这意味着我们迟早都会在太空立足。[10]

这也是天文学家看待基因的方式。但耶鲁大学肯尼斯·基德（Kenneth Kidd）教授，他也是实际发现 DRD4-7R 的遗传学家，他淡化了遗传学在行为中的作用。他指出："你不能把人类探索行为这么复杂的一件事仅仅归因于一个基因。遗传学的原理并非如此。"[11]

我倾向于赞同基德（Kidd）教授的观点，诸如家庭与工作、机遇甚至是运气等环境因素可能在开发我们的企业家或领导能力时比遗传所起的作用更加重要。科学作家大卫·多布斯（David Dobbs）在《国家地理》中的一篇文章中谈到探险家们："我们的遗传特性进化到了我们可以创造它们的地步，我们不断地重塑它们。但这种不断改变的文化同样能塑造我们的遗传进化，有时候是以一些令人惊奇的快速、直接的方式。"[12]

就殷匹而言，他所指的并非是一切事物均归结于遗传学，正如他在太空企业家的选择中所示。维珍银河（Virgin Galactic）创始人理查德·布兰森（Richard Branson）、零重力公司（Zero Gravity Corporation）创始人彼得·迪尔蒙蒂思（Peter Diamandis）以及美国太空探索技术公司（SpaceX）创始人埃隆·马斯克（Elon Musk）有何共同之处？我们并不知道他们是否拥有 DRD4-7R 基因变异体，但我们知道他们全都在 20 岁左右创业，目前，他们已是活跃在各种领域的全球知名公司的领导人。而且，他们都度过了一个十分艰难的童年，这可能造就了他们的冒险倾向和战胜挑战的能力。

理查德·布兰森是诵读困难者，有一次，他说母亲把他留在离家三英里外的手推车里，如果他想要回家就必须设法与陌生人沟通。8 岁时，彼得·迪尔蒙蒂思在自家后花园建造火箭，给家人和朋友上了堂关于太空探索的课。在埃隆·马斯克最近的一部自传中，我们了解到作为一个在南非长大的儿童，他是个书迷，不喜欢运动，在学校受到霸凌，并且他父亲还送他去上冗长沉闷的阅读课，期间他不能随意讲话或走动。[13] 17 岁时，他决定逃离那个让他像活在牢笼中的比勒陀利亚，前往加拿大并在那里开始自己的新生活。

这些太空企业家的另一个共同之处在于他们对未来的看法，即长期、预想的未来，他们在其中看到自己正改变这个世界。

马斯克目前运行三家有着雄心壮志的公司：制造电动汽车的特斯拉（Tesla）；美国最大的太阳能系统供应商 SolarCity；以定居火星为长期目标的航天运输制造商美国太空探索技术公司（SpaceX）。

彼得·迪尔蒙蒂思是国际空间大学和奇点大学的创始人，这两所大学给高等教育提供了另一种选择。

这三大企业家也采取类似的战略，比起公司的财务方面，他们更关注自己的项目、产品和服务。这就是在项目中拥有深厚个人利益的企业家与更关心满足截止日期要求、评估意外情况和处理各类资源的经理人之间的不同之处。"我不会让财务报告把自己的生活搞复杂，"布兰森曾经高调说道，并承认自己并不了解净利润与总利润之间的差别。关于马斯克的传言是，激励他的不是金钱，而是想法。

这三类企业家的另一个特征是他们的躁动不安和毅力决心，以及对项目可以顺利落地的痴迷。他们都是完美主义者，拥有看似无限的工作能力。布兰森对航空和太空旅行的热情使他出售维珍唱片公司，这是在 1972 年他 22 岁时与三个朋友合作创立的、曾经让他发了财的公司，这才使维珍航空在面对英国航空公司的不公平竞争与燃油成本飙涨时得以生存下去。

每周工作 100 小时的马斯克将大部分财富投入到 SpaceX 和 Tesla 中,这一举动被认为十分冒险,他也因此被某些人认为神智不健全。[14]

毫无疑问,这一水准的企业家都对自己很有把握,但他们也意识到自己的局限性,这也是他们为何通常都在身边布置最佳专业人士和高素质团队的原因。布兰森雇用全球最优秀的飞机及火箭设计师博特·鲁坦(Burt Rutan)来打造 SpaceShipOne,即首架由私人出资的载人飞船,于 2004 年首次出航。马斯克也非常了解如何择优选人,并激励他们超常发挥。

既然提到企业家要求其团队实现不可能之事,我们怎么能不提到史蒂夫·乔布斯呢?苹果公司首席软件工程师巴德·特里布尔(Bud Tribble)描述了乔布斯如何创造了一个"现实扭曲力场",这个词来自于《星际迷航》电影:"有他在的时候,现实都是可塑的。他能让任何人相信几乎任何事情。等他不在的时候,这种力场就会逐渐消失,但这种力场让我们很难做出符合实际的计划。"[15]乔布斯的不屈不挠有一个十分简单的目标:让自己人造出最佳产品,有时候意味着达成看似不可能实现的目标,或检查及复查信息与数据,力求完美。

没有科学证据表明我们 DNA 中存在 DRD4-7R,但在这个比以往任何时候都更加需要企业家能力的世界里,有一些可能塑造我们基因、帮助我们大胆前行的方式……

- 我们可以问问自己,童年时的梦想是什么,如果有了金钱和机会,我们会怎么过自己的生活?
- 我们需要让自己周围环绕最优人才,以及那些知道如何做到并能够实际做到我们无法做到的事情的人才。

- 达到目的之前，我们必须有决心、不鲁莽，但又马不停蹄。在事情比我们想象的繁复冗长时，寻找捷径或失去信心是毫无意义的。即便如此，如果我们不打算浪费时间，那么一定程度的迫不及待也是必要的。

- 我们应该更加关注战略、产品和服务，总是关注客户而非只是关注财务问题。同时，寻找最佳经理人以保证我们财务状况良好也不失为一个好主意。

- 实时了解自己所在行业正发生些什么，利用技术能够提供的新的解决方案，同时从强悍的竞争对手那里吸取教训，并展望未来。同时，我们可以从人文学科和文学作品中获得启发。

我们之所以不应该认为企业家能力仅仅根植于基因构成，还有一个原因是通过阅读那些冒过险并实现伟大功绩的人们的自传，我们可以学习他们的行为，模仿他们，从而以自己的方式追求理想。

10.3 导师和赞助人

天赋、志向、领导技巧、运气或者也许仅仅是机遇，你认为以上哪一样会是登上企业最上层阶梯的关键？根据美国培训与发展协会最近开展的一项调查，75%受调查经理人认为他们的导师在帮助自己达到目前职位上有一定的功劳。[16]

该调查还显示，《财富》500强公司中有71%开展辅导项目。大多数情况下，这些项目由人力资源部主管，与其他项目绑定以吸引和留住人才，如培训与发展项目或者与内部升职政策绑定。

中小型公司也采用辅导制。SAGE在17个国家展开的一项调查显示，93%的中小企业看到了辅导实践在改善团队绩效方面的价值。但其中仅有23%的企业实际聘请了导师，并且大部分导师来自公司外部。

辅导项目为各公司提供显著的优势。除了能让公司发现和培养人才外，还会增加工作满足感，建立忠诚度，并鼓励经理人认同公司。这也是留住潜在有价值人才的一个方法。同时，辅导是高级经理人向新入职年轻专业人士传授知识和建立主要关系的一种途径，帮助他们开发与组织文化相关的或提升企业优势的技巧和能力。

在一个对公司来说越来越多样化的环境中，辅导项目也有助于吸引少数群体，并有助于实现代际融合。许多大型公司的劳动力跨度涉及五代人：1945年之前出生的人；1945年至1960年婴儿潮期间出生的人；1961年至1980年出生的X一代；1981年至1995年出生的Y一代——也称为千禧年一代；1996年之后出生的Z一代。这些不同时代出生的成员间关系会为公司产生有趣的协同效应，将老员工的经验、声誉和关系与年轻人社交网络的技术吸引力和熟悉感相结合。这可以导致所谓的逆向辅导，年轻经理人被年长者招致麾下，在某种程度上可以教授年长者目前最流行的消费趋势以及利用最佳新技术的方法，如通过社交网络建立关系。

《快公司》杂志联合创始人艾伦·韦伯（Alan Webber）如此描述逆向辅导："这种情况是组织内资深成员意识到随着时间的流逝他们已经进入不惑之年或年过半百，不像二十几岁的年轻人那样关注未来。年轻人有着清新的视角和宽广的胸怀，能立即掌握未来的技术。"[17]

"对辅导与训练之间进行比较后发现，这两者之间存在很多重大差异。"在该领域拥有二十多年经验的 Management Mentors 公司如此说道。训练基本上是以任务为导向、以绩效为驱动且主要针对实现短期目标。在许多情况下，教练会是公司老板或管理层资深成员。总之，训练通常在于开发特殊技巧，学习一个系统或管理项目的运行方式，并为出任新职位或承担新责任做好准备。

而另一方面,辅导则要建立双方之间的持久关系,并且同样重要的是,辅导旨在关注个人发展和获得新技能。理想情况下,导师并非老板,而是学员参考学习圈以外的某个人。

一般说来,辅导项目是为拥有重大潜能的董事或年轻经理人准备的,然而首席执行官本身也越来越转变为支持这一角色(通常以教练的形式)。斯坦福大学工商管理研究生院的一项调查表明,66%的首席执行官并没有聘请外部教练,虽然这些受调查者都说他们会配备一位教练。这项调查还显示,78%案例中是首席执行官提倡寻找教练,而21%则由董事会主席提出。[18]大部分首席执行官正寻求获得解决冲突的额外技巧,原因在于其必须照顾到各种利益相关方的权衡。一些董事会成员称,首席执行官需要训练,以制订继任计划和开发人才,同时提高他们的分享和授权能力。

正如我们所看到的,辅导项目往往在大型公司内被制度化。即便如此,自由职业者也会利用教练,甚至是导师。自我提升行业的估值约为100亿美元,最近几年产生了许多细分和其他举措,如声称将你的个人发展需求与合适教练或导师配对的网站。社交网络也越来越成为人们发现导师的地方,如Facebook和提供咨询服务的领英网站等。

不存在"一码通吃"的导师,正如我们在逆向辅导中所见到的,有时候,如在了解最新潮流时,年轻人反而会成为理想顾问。成功的学员与导师关系中的关键要素是相互尊重、相互适合、无任何政治因素、相似的工作和个人风格,以及使关系起作用的承诺。[19]同时,重要的是,导师能带来附加值,并激发信任和信心。正如英士国际商学院的埃米尼亚·伊瓦拉(Herminia Ibarra)所述:"人际关系是真正的辅导关系的关键成分。"[20]

西尔维亚·安·体利特（Sylvia Ann Hewlett）写了一本引人入胜的书《忘掉导师，寻找赞助人：通往职业捷径的新方法》，她在书中提倡一种新的个人辅导类型，即赞助人。[21]这些人经常是相信受赞助者个人价值和潜能的老板。重要的是，他们拥有决定其升职并允许其独立行动和冒险的直接能力。这种类型的关系是基于一个交换条件："赞助人寻求推进你的事业，以此作为他或她自己事业的最大投资。"对他们而言，受赞助者做出一系列承诺，同时展示他们不可动摇的忠诚，给各自赞助人的发展与影响贴上个人标签。这种关系中尤为重要的是，赞助人需要从中获得自己的个人成功，那么受赞助人的成功几乎是既定的。

导师一词源自于荷马的《奥德赛》，当时密涅瓦女神幻化为人形，帮助忒勒马科斯找到自己的父亲并重新夺回伊萨卡岛的王位。密涅瓦承诺一直帮助她的学徒，允许他冒险和犯错，导师的真正标志是："这就是我朋友与我之间的感情，他与我一起开始这个旅程，而以我推测之愚见，我采取了与其建议相反的路径；但神明或许批准了这个错误，而其造成的灾难可能会教给我智慧。"[22]

10.4 IBM 辅导项目

1993 年掌管 IBM 期间，路易斯·郭士纳（Louis V. Gerstner）给公司内部带来了决定性变革。前任约翰·阿克斯（John Ackers）的任期结束时，这个外号为"蓝色巨人"的 IBM（因徽标是蓝色的，人们常常把这个计算机界的领导者称为蓝色巨人）对其未来业务领域竞争定位有着很大的不确定性，此时竞争愈发激烈，盈利急剧下降。在 1993 年关于未来首席执行官的一篇文章中，《金融时报》发明了一种职位广告，称："愿意承担世界上最具挑战性的管理职位的经理人，必须成为天生的领导，能够做出艰难决定，鼓舞 30 万员工的士气并赢得全球百万股东和客户的信任。掌握一定的计算机知识。高薪可面议。福利包括全世界范围内瞬间成名。白领人士无须申请。"[23]该职位需要的是一位有远见的人，而 IBM 选择了郭士纳，是自 1914 年起担任该职位的首位局外人，曾任 RJR Nabisco 的首席执行官，并曾在美国运通公司和麦肯锡担任高管职位。

在他的自传《谁说大象不能跳舞?》中，郭士纳将当时的 IBM 描述为一家内向型、巴尔干化（分散的）的公司，因为它的战略包括将公司业务部门分割为独立竞争的"婴儿蓝"。[24]郭士纳终结了这种方法，并制定了 IBM 未来战略，即设计并向客户提供一体化服务。他还进行裁员，并整合业务部门以提高协同效应。

为提高公司内部一体化而引进的多项举措中，有一个由 30 位公司最高层经理人与 300 名高级领导团队成员引领的辅导项目。时任全球人力资源副总裁的费德里科·卡斯特利亚诺斯（Federico Castellanos）说过，辅导项目的主要目标之一（当时候选人均经过挑选）在于避免最终会导致公司在未来数年"脱轨"的那些人。[25]这意味着，战胜信心不足或冒充者综合征，并提高他们的管理和授权能力。经过环境和管理投入上的变革，IBM 发现了 12 种不同人格特质。另一个主要目标是吸纳和提升少数成员到高管职位。

IBM 的辅导项目也旨在给一个高度多样化的组织"上油"，跻身国际市场，建立各级复杂但分立的决策体制。

毋庸置疑，合适的导师对辅导项目来说至关重要。就 IBM 而言，导师从前三级高管中挑选出，获选者之前并没有与学员共过事。这对促进信任和避免利益冲突来说是关键因素。导师过去和现在仍由教练以及内部培训师进行培训。

加入项目之前，参与者们由来自领导力开发部的一个团队进行评估。

就候选人档案进行咨询，同时进行360度评估和任何其他可能被认为相关的反馈。对人力资源主管来说，最重要的事情之一是让学员和导师配对，配对提案交由高级管理层审批。

导师担任教练的角色，并终身担任。董事会定期咨询他们有关升职和委任的建议，询问他们有关各自学员的进度。事实上，他们发挥着为重要作用。卡斯特利亚诺斯称，与郭士纳开会期间总会有盯着空缺高级职位的"5分钟操练"，寻找可能合适的候选人。这5分钟经常转变为一个小时以上。这种会议期间，导师的意见十分重要。

根据IBM人力资源部展开的面谈，似乎所有参与辅导项目的人都对该举措乐见其成。与类似项目一样，会议会在学员要求时召开。

IBM如今是全球最受崇拜和尊敬的公司之一，其吸引与留住人才的能力令人称赞。IBM的业务遍布全球，但权力和决策权均予下放。其辅导项目也已成为公司人才管理战略的核心支撑，具有全球影响力。

注释

1. F. Nietzsche, *Beyond Good and Evil*, Chap. IV. http://www.gutenberg.org/files/4363/4363-h/4363-h.htm.

2. Harvard Business Press, *Managing Teams: Expert Solutions to Everyday Challenges*, Pocket Mentor Series (Boston, MA: Harvard Business Press, 2010), p. 45.

3. http://entertainment.time.com/2005/10/16/all-time-100-novels/slide/all/.

4. http://www.theguardian.com/artanddesign/jonathanjonesblog/2014/mar/21/the-10-greatest-works-art-ever.

5. S. Cain, "The Rise of the New Groupthink," *New York Times*, January 13, 2012. http://www.nytimes.com/2012/01/15/opinion/sunday/the-rise-of-the-

new-groupthink. html?_r = 0.

6. http://www. economist. com/blogs/prospero/2015/01/quickstudy? fsrc = scn/tw_ec/benjamin_voyer_on_the_psychology_of_teamwork.

7. S. Cain, *Quiet: The Power of Introverts in a World That Can't Stop Talking* (New York: Penguin, 2013), p. 88.

8. http://www. nytimes. com/learning/general/onthisday/bday/0314. html.

9. C. Impey: *Beyond: Our Future in Space* (New York and London: W. W. Norton, 2015). Locations in Kindle version: 277, 1295. Second quote attributed to Robert Goddard.

10. D. Dobbs, "Restless Genes: The Compulsion to See what Lies Beyond that Far Ridge or that Ocean—or this Planet—is a Defining Part of Human Identity and Success," *National Geographic*, January 2013.

11. Ibid.

12. http://ngm. nationalgeographic. com/2013/01/125-restless-genes/dobbs-text.

13. A. Vance, *Elon Musk: Tesla, SpaceX, and the Quest for a Fantastic Future* (New York: Ecco/HarperCollins Publishers, 2015). file://Users/santiagoiniguez/Desktop/'Elon% 20Musk,'% 20by% 20Ashlee% 20Vance% 20-% 20NYTimes. com. html.

14. Ibid.

15. W. Isaacson, *Steve Jobs* (New York: Simon & Schuster, 2011), p. 117.

16. American Society for Development and Training http://www. investopedia. com/articles/personalfinance/022315/best-fortune-500-mentorship-programs. asp. And a Sage report: http://www. sage. com/businessnavigators/research.

17. L. Quast, "Reverse Mentoring: What is it and Why it is Beneficial," *Forbes*, January 3, 2011.

18. http://www. gsb. stanford. edu/sites/gsb/files/publications-pdf/cgrisurvey-2013-executive-coaching. pdf.

19. Harvard Business School Publishing, *The Right Match: Advice for Matchmakers from Coaching and Mentoring* (Boston, MA: Harvard Business School, 2006).

20. H. Ibarra, "Making Partner: A Mentor's Guide to The Psychological Journey," *Harvard Business Review*, March-April 2000.

21. S. A. Hewlett, (*Forget a Mentor*), *Find a Sponsor: The New Way to Fast Track Your Career* (Boston, MA: Harvard Business Publishing, 2013).

22. *The Adventures of Telemachus, the Son of Ulysses.* From the French of Salignac de la Mothe-Fenelon, by John Hawkesworth. http://openlibrary.org/books/OL19373286M/The_adventures_of_Telemachus_.

23. "IBM Needs a New Boss: Who's Got the Right Stuff", *Financial Times*, March 29, 1993.

24. L. Gerstner, *Who Said Elephants Can't Dance? Leading a Great Enterprise Through Dramatic Change* (New York: Harper Collins, 2002).

25. Interview with Federico Castellanos held in July 2015.

第 11 章 培养管理能力

11.1 领导才能和管理训练

要将某个人转变为完美的经理人并没有捷径可走。优秀的经理人一般随着时间的变迁历练自己的才能，其成长方式既包括针对日常管理能力和个人习惯进行系统性训练，同时包括在其职责工作中、人际互动中日益积累经验。学习的曲线是陡峭的，要达到卓越的管理高度，不能只靠时间的积累，还需要纪律、实践和努力工作。

美德不是天生的，而是后天养成的。但是，一些人认为在过了一定年龄以后，靠学习基本难以再养成和改变基本的性格特质。这种观点是源于略显过时的弗洛伊德理论。据该理论称，性格的基本特征是成年之前获得和定型的——这一说法更为极端的版本是它们在娘胎中便已形成。但越来越多的当代教育理论家和认知心理学家认为，如果必要的态度可以养成，那么许多技能和性格特点也可以在成熟期之后通过学习来养成。我们能在商学院工作的前提是，初级和高级经理人不仅能够更新自己的商业工具和知识，还能够通过教育、实践和社交完善自己的技能并推动塑造自己的个性——往更好的方向发展。

成为一位更优秀的经理人，最有效的途径之一就是培养管理才能，

有效培养
卓越管理者是这样炼成的

这种手段类似于利用健身训练增强肌肉一样，通过持之以恒的锻炼以形成良好的习惯。[1]

首先，要记住管理才能所包含的要素内容很多且类型多样。要培养的才能取决于你的抱负及其如何匹配于你的职责或公司价值观。传统上与管理相关的一些才能包括智慧、韧性、勇气、节制、公正（公平）和善于社交。

其次，着重锻炼那些你擅长的才能。传统教育目标之一在于纠正行为的各种偏差，战胜个人弱点，教左撇子用右手写字。幸运的是，现代教育家也在进步，他们尊重和重视个人内在的多样性。在这方面，有一本书叫《积极心理学》，其目的在于"发现和培养天才与人才"以及"使平淡人生更加充实"[2]，其重要贡献之一就是证明了：比起试图弥补一个人的弱势，提升他的优势会更富有成效、更可能成功和更令人满意。

第三，发现你自己的两三个更为优秀的才能。在这里，来自朋友的判断比自我分析更加有用。了解自己的独特强项有助于丰满个性并建立个人声誉。

第四，记录你练习管理才能的发展过程。有时候，写篇日志或记录个人发展过程会非常有用。本杰明·富兰克林真实记录下其13项基本才能的进步过程[3]，并绘制出一张评估图表，他的这一方式产生了广泛的影响。[4]

第五，要记得练习管理才能的主要目的在于成为更优秀的人，而不仅仅是成为一个完美的管理技术人员（见图11-1）。

图 11-1　性格优点和美德
（摘自 M. Seligman）

11.2 风度也好，庄严也罢：做你自己

"第一印象很重要"，这句格言虽为陈词滥调，但不无道理。[5]大量的调查已经证明：无论是在一对一的面谈中还是在会议上面对群体进行汇报时，我们仅有几秒钟的时间来产生积极影响。[6]

目前，人们开始用"高管风度"或"领导力"这些说法来描述人们对管理者一些特别品质的认知，尤其是管理者面对和对抗压力的素质。最近几年产生了大量的书籍和课程，旨在发现那些会将管理者与其他员工同事区分开的特别品质，认为有这样一些特别品质能帮助管理者们踏上了领导仕途。但是，要发现高管领导力的要素，即那些看似使人成为天生领导者的东西，这绝非易事。

去发现高管风度的关键特质，最好的办法就是观察那些已经登上成功巅峰的人士。当然，这些人拥有一个既定优势，那就是他们已经被环绕在权力光环之下，当他们公开出现时会引来恭敬、关注甚至崇拜。

例如，当新任教皇上任并在圣彼得大教堂发表首次公开演讲时，信徒们并非在衡量他的身高、倾听他的声调或测定他的意大利语质量。当我们与一家大型企业首席执行官、一流大学校长、成功的艺术家或获奖小说家首次会面时，也会发生类似的情况。我们可能不了解他们的生活或早期成就，但他们拥有高职位或享受普遍赞誉的事实给予他们成功的光环，也通常会获得尊重和认可。

再往前追溯，那些了解关于权力、执行力或其他类似概念的罗马人，区分了权力（potestas）与权威（auctoritas）：potestas（权力）为地方法官的专有特性，无论工作好坏，他们都享有权力。正如当今社会一样，权力本身会产生尊重。

但 auctoritas（权威）是与参议员相关联的影响力或权势，以声誉、经验和经过考验的智慧为基础。虽然并非总是如此，但理想情况下，责任最高的政治家们融合了权力与权威。这两种特性中，第二种略胜一筹，有权威的人拥有更高的合法性和接纳度。

在当今企业界，首席执行官拥有权力，在多数情况下也被假设具有权威，因为他们在承担职责之前已累积丰富的职业经验。

在2012年出版的《高管风度》一书中，英国作者、人才创新中心创始人和首席执行官西尔维亚·安·休利特利用古罗马人发明的另一概念"庄严"，来描述成功商业人士的关键品质，其中67%的受访经理人身上具有这种品质，同时具有沟通技能（27%）和良好外表（5%）。[7]

休利特说，庄严显露在危机时刻，是在受攻击和高度压力之下保持优雅的自信、能力、咬牙坚持的决心以及对权力说真话的正直。当然，情商和个人魅力也是庄严的特征。总之，这差不多总结了领导力相关的所有品质。

富有庄严特质的少数幸运儿无须太过担心自己的沟通能力或长相，休利特说道，虽然这三种品质往往融合在一起。伟大领导人即使缺乏演讲技巧或衣着品味，人们也会认为情有可原，如身材矮小、秃头、说着满嘴科西嘉口音法语的拿破仑。

对沟通专家凯伦·弗莱德曼（Karen Friedman）来说，拿破仑拥有"令人惊叹的特质"，她称之为"魅力"，这种特质使其能够轻易影响他人："他们经常慷慨激昂、掷地有声，沟通时富有激情和能量，以昂首挺胸、眼神交流、握手有力和权威语气传达正面的肢体语言。"[8]

你可以称这些为令人惊叹的特质，或称之为庄严。但根据我的经验，吸引和保持人们注意力的最佳方式，是向全世界展示我们称之为的"最好的自己"，这意味着做人坦诚、准备充足和善解人意。

有时候，我们会混淆"做人坦诚"和"自由发挥"，然而这两者对其他人的影响会大相径庭。"自由发挥"是未经思考便采取行动，是自以为是地即兴发挥，有时候会引人发笑，有时候会尴尬不已；一旦令人觉得好笑，你就不太可能在会议上受到重视。

但是，以坦诚的方式行事，向全世界展示最好的自己，这会让你的言语和行动真实可靠，给人留下一个自然、坦率的印象，会被认为思维清晰、能轻松表达自己。[9]

展示最好的自己不能靠运气，而需要在开会之前做好准备。马克·吐温曾经说过："如果没有花几个小时进行准备，我从来不会满意，从来不会做好即席演讲。"[10] 在与他人探讨之前，我们应该非常了解探讨的主题，预测可能的问题和相应答复，甚至研究我们的听众、他们的期望以及我们想从会议上得到的东西。这看起来有些无聊，但在你完全有把握之后开展报告总会产生更好的效果。

至于做人坦诚，在我们准备好即将发表的讲话之后，我们还需要向听众的反应做出反馈。一般说来，在合适的情况下运用幽默能够帮助建立与听众之间的联系，但真正起作用的是，认真了解听众的文化思维方式：当你的听众是一屋子的英国或美国经理人时，你需要的是果断；但在中国或日本，这可能会适得其反。

正如自由发挥并不等于保持自然，外向型的行为未必是领导力的真正标志。西方的个性心理学通常将人们的个性分为外向型和内向型，我们大家几乎都在某些时候做过迈尔斯·布里格斯（Myers-Briggs）的 MBTI 性格测试。没有人是完全外向型或内向型的，我们都有两面品质。一个常见错误是推定较为内向的人比较胆小怯弱，而那些外向的人会成为更优秀的领导者。

但在她的畅销书《安静：内向性格的竞争力》中，苏珊·凯恩解释道，多达1/3甚至一半的美国人认为自己是性格内向者。[11]所以，如果美国是世界上最外向的国家，我们只能假设世界其他地区存在更多的内向者。也就是说即使采取保守原则，在西方国家也仍有大约一半的高管都可能是性格内向之人。

凯恩通过引用沃顿商学院亚当·格兰特（Adam Grant）展开的一项调查支持她的论点，其研究试图建立领导力与性格之间的联系。我们往往凭其魅力和人格来衡量领导，犹如我们凭他们带领公司取得的成就来衡量他们。但格兰特（Grant）的研究显示：通常外向型领导人在带领消极团队时表现更出色，而内向型领导人在带领积极员工时表现更出色，这意味着内向性格的人在引领积极创新时可能做得更好。

那么，到底是哪些领导力品质形成了所谓的高管特质？

- 首先，要展现高管风度，你无须成为一个性格必然外向之人。当今，最成功的公司是由那些吉姆·柯林斯（Jim Collins）称之为第五级领导者的人士带领的。[12]他们都是专业人士，努力奋斗至最上层，他们谦逊但对本行业知识了如指掌，他们专注也乐于授权给同事。
- 庄重严肃，大概是高管风度的最重要元素，它是在职业生涯中获得的，也是成为真正专业人士后所具有的声望与名誉的表现。
- "放之四海皆准"的领导风格是不存在的：了解所在管理情境的文化背景至关重要。
- 如果不像恺撒那样名声在外，你仍然可以通过自己清晰明朗的沟通、外貌甚至衣着来展现庄严之感。
- 如果你对如何展现高管风度存任何疑问，尤其是就外貌和沟通能力而言，那么聘请顾问给你一些建议也是值得的。

最后，一位对外貌颇有见地的人士弗朗哥·莫斯基诺（Franco Moschino）曾建议："如果你做不到优雅，那么至少要奢侈。"[13] 但细想一下，无论意大利时装设计师的权威设计如何出色，这种外在包装的方式也许并不会在管理领域中真正奏效。

11.3 着眼未来：增加你的同理心

当年，科学似乎有望解决一切的人性问题，威尔斯（H. G. Wells）着迷于科技如何在未来世纪中影响人类行为这个问题。在其1924年创作的小说《神一样的人》中，一批来自英格兰中部的人们突然发现自己穿越时空来到乌托邦，一个比20世纪的大不列颠在技术上和文化上更加先进的社会。[14] 这里的居民早已将"迷茫的日子"——所谓社会与政治动荡的、被持续战争所打断的、以社会不平等和个人主义泛滥为特征的时代甩在身后，这里其实与一个世纪之后我们所在的世界并无太大差别。

乌托邦为何是如此和平的一个社会？原因在于这里的居民已经培养了一定程度的同理心，以至于如今他们能够不用语言进行沟通。在威尔斯著作中有一个特别有趣的场景，乌托邦人试图向新的客人通过心灵感应解释其历史和风俗。但并非所有人都能够"听到"他们说的是什么，有些甚至完全一言不发。在少数理解他们所讲述事情的人群中，有一个叫巴恩斯特普尔（Barnstaple）的人物，他为什么可以理解到位？原因很简单：他是不假思索地将自己的经验和知识与乌托邦人联系起来的少数之一。换句话说，他天生具有同理心。

同理心是发现和回应他人感情的能力。神经科学和心理学已经确定，就像所有智力能力一样，同理心在心理上根植于我们的大脑之中。它与生俱来。此外，大脑的可塑性允许我们通过特定训练来适应它、锻炼它，不仅仅在人生早期，甚至到成年时期。丹尼尔·古曼（Daniel Goleman）的杰作《情商》列出了证明这一点的多个实验。同理心的根基不仅仅是基因上的，还是文化上的。[15]

威尔斯的论点是，不同文化和文明只有通过知识与教育才能战胜沟通障碍（别忘了，他写作的时期是在疯狂杀戮的第一次世界大战后不过十年左右，当时整个欧洲都动荡不安）。他说，无知尤其在跨文化的情境下，是相互理解的最大障碍。我也赞同这一说法。

原则上，乌托邦居民已经牢牢嵌入其社会之中。他们的教育体制如此复杂，以至于无需政府或其他权力体制。乌托邦生活的基础是"五项自由原则"：隐私、自由迁徙、无限知识、真相和讨论及批判的自由。达到了这个智力发展的高级阶段，冲突就会通过推理得到解决，这取代了乌托邦居民更早期、更基础的本能。

现在，虽然我真的相信知识与教育的改革性力量，但此时我的建议是，不要去思考我们是否能够渴求一个与威尔斯所描绘的相似社会。我确信的是，我们可以加强教育与同理心之间的关系，这必然有助于促进人们更好地相互理解。而且，我认为培养同理心甚至能够加强我们对其他人需求与欲望的接纳能力：也可称之为心灵默契，旨在帮助我们大家更好地沟通。我确信你可能经历或听说过，人们与合作伙伴、朋友甚至是老板沟通期间会有不言自明的时刻，一个眼神或手势就已足够。

同理心对工作、家庭以及朋友与熟人间关系的成功至关重要。它允许我们了解和理解其他人的感受，不仅仅通过对话，还通过解读手势、肢体语言和其他标志等非语言的形式。大部分儿童从幼年便通过模仿周围人的情绪展现出同理心，如他们听到其他人哭时也跟着哭，或其他人笑时也跟着笑。长大后，当我们的家人不快乐时我们觉得难过，当他们一切顺利时我们觉得愉快。

类似地，在《有同理心的文明》一书中，杰里米·里夫金（Jeremy Rifkin）称，正是我们与其他人的关系赋予我们生活的意义："同理心让人联想到主动参与——观察者成为其他人经历的一部分并分享该经历感受的意愿。"[16]对里夫金而言，多亏了无线和手机技术，我们现在能与这个星球上任何地方的任何人建立联系，不管语言或文化障碍如何，人性中同理心的范畴在更广大的生物圈内建立共识。这将导致他称之为"分布式资本主义"的体系，这个体系将允许我们集体解决人类面临的重大问题，如气候变化或流行病，并将专注于改善我们的生活质量，专注于共同合作而非只是竞争。

里夫金的书中囊括了许多个体与集体之间的同理心如何战胜冲突和误解的例子。他引用了第一次世界大战期间的著名事件，当时德军与协约国士兵隔着战壕号召在1914年圣诞节当天休战，在真空地带见面交换礼物和分享照片。确实，将军们很快结束了这种亲敌行为，但这一事件表明了人们在亲密接触中的集体同理心能够战胜对峙情况，尽管是暂时的。

管理层中仍然有很多人信奉马基雅维利《君主论》中的格言"被人畏惧要比被人爱慕的好"，[17]但是我认为领导不可或缺的特征之一是明白如何培养对于同事及下属的同理心。同理心激励和帮助人们理解并共同承担组织的使命，而且，它会提高生产率。

正如美国学者詹森·鲍尔斯（Jason Boyers）几年前在一篇文章中所指出的："虽然同理心概念会与传统工作场所一些流行原则相矛盾，后者强调竞争激烈而又残酷，员工互相攀踩以抵达顶端，现实是公司领导要想获得成功的话，他们需要不仅看到或听到周围的活动，还要协调他们所服务的人们。"[18]

我们或许仍无法渴求乌托邦，但以下是威尔斯可能为21世纪的商业领导人提出的建议,可以在他们周围多培养一些同理心。

- 乐观且有建设性的态度必不可少。这里我说的是现实主义磨炼下的乐观主义,而非人们可能随时搁置或背弃的梦想。作为乐观主义的姐妹之一,幽默感也不失为一个好主意,它有助于产生工作场所中的亲密感、良好氛围和积极向上的精神。
- 我们应该花时间了解并更加关注我们同事和下属:他们的困扰是什么,他们是否面临家庭问题或者面对疾病困扰。同样,找到让他们奋力前进的东西以及他们工作以外自我娱乐的方式。一种简单而有效的做法是送生日贺卡。
- 我们做事的热情、对组织及其目标的热情也会产生同理心,因为热情是有感染力的。享受工作时间、不断思考如何改善自己的一举一动,会激励组织成员采取同样的方式对待他人。
- 做一个可靠和可预测的人,让别人觉得自己可靠,不要让情绪击垮自己。
- 阅读,尤其是那些让我们深入了解他人性格、刻画现实主义场景,并描绘像我们这样的人如何解决生活给我们带来各种问题的小说。
- 总的来说,整个职业生涯中,我们应该总是要学习新知识,迎接各种新想法。通过不同的角度看待生活,会让我们更好地理解周围的人与事。

威尔斯是一个非常有远见的人,他明白人类还要再过几个世纪才能让理智压倒暴力(如果有可能的话)。同时,我们可以通过尝试更好地互相理解,共同战胜集体问题,从而为大同世界做出自己的贡献。简言之,同理心。

11.4 管理中的理智与情感

随着当今世界的发展，绝大部分人有幸在日常生活中远离外部暴力。虽然我们遭受暴力袭击或事故的概率可能各有不同（取决于国家、生活方式或工作），但与我们祖先在数世纪前经历的手无寸铁的情况相比，我们今天的进步和改善是不可同日而语的。当今社会的体制进化、法律规则和道德进步降低了外部暴力发生的可能。但是，我们仍然会通过电视或其他媒体目睹暴力现象，看到关于战争、恐怖袭击、谋杀、自然灾害和类似恐怖事件的新闻，这些事件仍在世界各地上演。

得知那些人类暴行时，如众多残忍的儿童绑架案，我总会想起西蒙娜·德·波伏娃（Simone de Beauvoir）备受推崇的《千娇百媚》，其中，法国主人公是一位勤勤恳恳的母亲，担心她的女儿因海外发生的恶行（饥荒、流行病、天灾）以及在大批穷人中造成的毁灭性影响而悲伤不已。[19]这位母亲认为女儿的痛苦一文不值，因为就算可以，这些灾难也不是单单靠一个人就可以解决的。一个人在解决大恶时的无能为力，会在许多人中产生天生的心理反应。人们喜欢"美女图片"（美丽的图片），而不是恐怖场景类图片。另外，大部分人并不准备与邪恶或痛苦的永恒影像共存。而波伏娃小说中这位母亲的自然反应是换个电视频道或换个话题，以阻止她心爱的女儿继续看到生活中的残忍一面。这种"美女图片"综合症的极端版本是不讨论或不展示某些特殊灾难的照片，将看到灾难的机会最小化，或者甚至假装它们并不存在。我相信你能理解我所说的这种综合症。

类似地，有时候我听到：经理人应该避免情感或意气用事，因为他们要做出会影响成千上万人的艰难决定，同时让自己保持冷静和不受影响。这种情况可用一句广为流传的话来概括："对事不对人。"

想象一下，由于合并或公司裁员，你不得不炒掉一半成员。那么，你将如何处理这种措施衍生的人际紧张，同时又保持足够的超然从而避免个人痛苦？确实，有些经理人和普通人会养成某种自我防御机制，以保护自己在危机时刻不会精神崩溃，这是一种自动反应，避开思考自己的决定对他人产生的不良后果。

但是，作为需要培养的美德，敏感和同情在商业关系上占有一席之地。经理人的挑战是如何做出艰难决定同时保持人性。这些情况下，我只能想到一种出路：艰难决定应受到理性审视，而做出决定的经理人应有能力在公众场合以合理论据进行辩护。与马基雅维利所述的相反，我认为在商业上被人爱慕胜过被人畏惧。

回到暴行和人们的反应方式这一话题上，我最近读了苏珊·桑塔格（Susan Sontag）的《关于他人的痛苦》，[20]这是一篇关于战争意象的有力文章，在我们每天目睹无数针对人类的袭击时，这些袭击比标题所讲述的更恐怖，有时候甚至离家很近，这种时候我们就要保持清醒了。桑塔格解释道："未经历战争的人们对战争的理解主要是（战地摄影师）拍摄的影像。"就我们对同理心的感受而言，桑塔格写道，"我们觉得自己并非是引起痛苦的帮凶。我们的同理心宣告自己的无辜和无能为力。"[21]

桑塔格对知识分子能够就战争采取的行动保持现实主义态度："如今，谁认为战争可能被制止？没有人，即使是和平主义者。我们只是希望停止种族灭绝，将那些重大违反战争法的人就地正法（由于存在战争法，战斗人员也应如此），并能够通过协商的方式来替代武装冲突，从而结束某些战争。"

好的生意是解决恶劣国际政治形势的一剂良方。好的教育是人类与社会间的最佳平衡装置。在商学院担任一名老师是一种荣幸，让我们有机会提升学生与自己的理智与情感，在某种程度上有助于避免"美女图片"综合症，同时试图保持我们的人性。

11.5 在社交方面锻炼自己

你是否认为自己善于交际，而非缺乏社交？这个回答未必与你是否更加内向相关。实际上，这里还是以事实为依据。看看你花多少时间参与社交活动或与他人互动（最亲密的家庭成员除外），就可以快速确定你的社交程度。

由于管理的基本要素之一是领导别人，社交在我们的工作中起着重要作用。著名管理学者亨利·明茨伯格（Henry Mintzberg）适切地批判了他称之为"民间传说的"管理观点，包括规划、组织、协调和控制，他展示了高级经理人将其大量的工作时间花在处理人事上，如会面、会议、聚会等。[22]

社交一直以来是生活中必不可少的，不仅在商业上如此，在艺术和科学上亦是如此。允许我介绍一下"沙龙"，也就是17世纪上半叶在法国举行的精英社交聚会。沙龙，法语是客厅的意思，是由贵族、艺术家和知识分子们出席的聚会，他们参与现场讨论，并闲聊政治、文学、宗教、哲学和其他相关问题。参加沙龙要经过严格邀请后出席，除了琐事和社交方面，聚会人员旨在参与高层对话。诸如莫里哀（Molière）、让拉辛（Racine）、弗朗索瓦·德·拉罗什富科（François Duc de La Rouchefoucauld）等我们的专栏作家，以及许多其他名人出现在沙龙上，排练他们的作品，完善他们的思想，或仅仅为了煽动听众。当时巴黎最高级的两家沙龙是蒙特蓬希尔（Montpensier）女士与希维内（Sévigné）女士的住所。

今天，鸡尾酒会和其他社交晚会也扮演着类似角色。有趣的是，数字社交网络的互动，如领英集团，已经取代许多面对面聚会。与传统会议相比，通过社交网络互动的两大差异化优势是时间上可以更灵活、地点上可以更遥远。也许，如今及未来沙龙会采纳许多新的虚拟形式。

社交是公司内部发生正式联系的另一面，雄心勃勃的经理人意识到需要在公司范围以外拓展个人接触。诚然，如今许多社交聚会缺乏法国沙龙的深刻性，人们可能宁愿为了"闲谈"聚在一起，而不是为了讨论哲学。

考虑到许多经理人工作时间较长，许多人发现很难协调工作职责、家庭职责和社交聚会。最近，我遇到了商学院的一名研究生，现任一家大型公司的首席执行官，他告诉我他早已放弃了自己的社交日程。"你如何应对经理人成为公众人物这种日益显著的情况？"我问他。"好吧，我选择了与公司利益相关的一些多层次的但又非常有条不紊的社交活动。"由于他在社会上久负盛名，所以我保证这种方法能起作用。

尽管拉罗什富科（La Rouchefoucauld）是沙龙的常客，而且许多人会设想他很享受总是被其他人围绕的感觉，但实际上他情路坎坷、友情不顺，他的命运与其经典著作《格言》中的悲观主义者类似。[23] 他深切怀疑美德的意义及其存在，"我们的美德通常只是伪装的恶习，"他在书中文首写出如此预言。

虽然大部分格言都是讽刺性的，但这个事实并没有妨碍一些人在阅读时获得安慰，可以让人从空虚和诱惑性的人类抱负中抽离出来。确实，阅读《格言》可能有助于增进谦逊，虽然一些人认为它会产生虚无主义之感。以下是个例子：

3. 无论在自爱之地有任何发现，仍然有尚未发现的许多地区。

其他观点会激发读者更加无畏和积极的感受，如下文的苏格拉底回忆录：

405. 我们对生活的各个阶段都毫无经验，每个阶段我们通常都缺乏经验，无论我们年龄几何。

经理人花很多时间在社交上，无论是在工作场所还是在外部世界。这是这种职业中的必然现象。正如本书中所探讨的，管理其实就是领导他人。而要能够领导别人，社交技巧必不可少。

11.6 减少工作压力的有效技巧

看看自然风景会减轻压力，提高注意力，催生能够改善心情和总体幸福感的行为变化，甚至促进病愈，这在认知心理学的各项发现中得到证实，符合我们许多人的经历。[24]

我们之中有些人在周末时跑到乡下，追寻平静的田园景色；有人则到海边，享受大海的浩瀚无垠。同时，如果你的办公室位于缺少美丽花园景色的城市地区，体会类似感觉的最佳方式是悬挂一张你最爱的风景图画或照片，这样当你觉得累或无聊时可以看一眼。我坐在办公桌后可以看到两张照片：一张是意大利卡普里岛的轮廓，另一张是巴西琵琶海滩白沙环绕的红色峭壁。

除了那些有益的心理作用外，对自然和环境魅力的沉思已经成为人类历史上艺术家和作家作品的中心主题之一。事实上，英国艺术史学家肯尼斯·克拉克（Kenneth Clark）观察发现："欣赏自然美景和风景画作是我们精神活动的一个常态和恒久部分。"[25]

欣赏美景有助于缓解压力、改善心情、增加想象力和重新充电："从认知角度考虑，景观感知成为一个解读过程，由对场地环境的情感反应、感知的意义和心理反应（如减压）来发挥调节作用。"[26] 据研究，"一般而言，自然景色比起城市景观给人以更加积极的健康效应",绿意越浓越好。[27]

总之,无论是挂在办公室的风景画还是屏保图案,不仅会显示你的博学,还会让你感觉很好。

注释

1. An interesting approach in this way is: A. Rego., M. Pinha, M. Cunha, and S. R. Clegg, *The Virtues of Leadership: Contemporary Challenges for Global Managers*(Oxford: Oxford University Press, 2012).

2. C. Peterson and M. Seligman, *Character Strengths and Virtues: A Handbook and Classification*(Oxford & New York: Oxford University Press, 2004).

3. en. wikipedia. org/wiki/The_Autobiography_of_Benjamin_Franklin.

4. G. Rubin's LinkedIn post: "How You, Too, Can Copy Benjamin Franklin," January 3, 2014. See also: S. Shank's LinkedIn post: "The Autobiography of Benjamin Franklin: There Will Be Sleeping Enough in the Grave," November 19, 2013. https://www. linkedin. com/pulse/20140103185636-6526187-how-you-too-can-copy-benjamin-fanklin? articleld = 86666121591371368#comments-8666612159138371368&trk = seokp-company_posts_primary_cluster res_title.

5. http://www. businessinsider. com/only-7-seconds-to-make-firstimpression-2013-4.

6. B. Kasanoff, "Nailing a Presentation in the First 60 Seconds," LinkedIn Pulse, September 18, 2013. https://www. linkedin. com/pulse/20130918033719-36792-nailing-a-presentation-in-the-first-60-seconds.

7. S. A. Hewlett, *Executive Presence: The Link Between Merit and Personal Success*(New York: Harper Business, 2014).

8. See J. Goudreau, "Do You Have Executive Presence?", *Forbes*, October 29, 2012. http://www. forbes. com/sites/jennagoudreau/ 2012/10/29/do-you-have-executive-presence/.

9. Ibid.

10. http://quoteinvestigator.com/2010/06/09/twain-speech/.
11. S. Cain, *Quiet: The Power of Introverts in a World That Can't Stop Talking* (New York: Penguin 2013), p. 69.
12. J. Collins, "The Level 5 Leadership: The Triumph of Humility and Fierce Resolve," *Harvard Business Review*, July-August 2005.
13. Attributed to F. Moschino, *Independent Revolution*, November 7, 2014.
14. H. G. Wells, *Men Like Gods* (New York: Ferris Printing Company, 1923).
15. D. Goleman, *Emotional Intelligence: Why It Matters More than IQ* (New York: Bantam Books/Random House, 1995).
16. J. Rifkin: *The Empathic Civilisation: The Race to Global Consciousness in a World of Crisis* (New York: Penguin, 2009).
17. N. Machiavelli, *The Prince*, Chap. 17.
18. J. Boyers, "Why Empathy is the Force That Moves Business Forward," *Forbes*, May 30, 2013.
19. S. de Beauvoir, *Les Belles Images* (Paris: Gallimard, 1964).
20. S. Sontag, *Regarding the Pain of Others* (New York: Penguin, 2004).
21. Ibid.
22. H. Mintzberg, "The Manager's Job: Folklore and Fact," *Harvard Business Review*, March-April 1990.
23. La Rouchefoucauld, *Maxims* (New York and London: Penguin, 1982).
24. M. D. Velarde, G. Fry, and M. Tveit, "Health Effects of Viewing Landscapes—Landscape Types in Environmental Psychology," *Urban Forestry & Urban Greening*, Vol. 6 (2007), pp. 199-212.
25. K. Clark: *Landscape into Art* (London: Penguin, 1961), pp. 15-16.
26. B. Kara: "Landscape Design and Cognitive Psychology Procedia: World Conference on Psychology and Sociology 2012," *Social and Behavioral Sciences*, Vol. 82 (2013), pp. 288-291.
27. Velarde, Fry, and Tveit, "Health Effects of Viewing Landscapes."

第 12 章 人才管理与企业可持续发展

12.1 公司应该多透明？

一家食品公司的首席执行官曾经告诉我："透明是一个假的且被高估的概念。"当时我们在探讨的是，对商业完全透明化的需求，以及人们在社交网络上与朋友或有相同爱好的陌生人分享他们在现实生活中的经历和想法的这种趋势。这位首席执行官把一些网友在 Facebook 或领英等博客上的行为称作一种相当于网络版脱衣舞的表演，他们营造一个虚假的身份，然后用这个虚假的身份来取悦观众，而非反映他们真实的日常生活。而且他还再三强调，为了响应完全透明的号召，一些企业推出超负荷的、难以令人信服的市场营销和宣传活动，坦白讲，这些并不符合股东利益。

我相信很多其他首席执行官对这项企业透明度的大体负面分析深有同感，那些要对他们的行为和决策进行不断、彻底审查的想法让他们很反感。坦白说：很少人会觉得置身显微镜头下是件十分吸引人的事。

但如果我们不打算放弃透明度这个问题，想要对此展开深度的讨论，那么我们得从一些基础的问题开始：首先，我们所说的商业透明指的是什么？其次，透明能否帮助企业获取更多利润？

第 12 章
人才管理与企业可持续发展

透明对每个人都意味着不同的东西。根据合规性要求,透明指一家公司通常要对公司股东们提供完整、准确和及时的信息披露。[1]

但一些企业透明的倡导者想要的不仅仅只是遵守传统报告的要求,他们声称仅仅遵守要求是不够的。例如,企业可持续性理论先锋亚当·韦尔巴赫(Adam Werbach)曾经写道:"真正的透明本身……是大多数公司错过的东西,也是关系重大的部分。除了使业务活动合规外,还要在组织内外广泛地分享信息。这将允许公司迎来进一步的完善和创新。"[2]

为达到这种程度的开放性,韦尔巴赫建议公司开发一个四重底线,结合环境保护、社会公平、经济健康和文化活力四个方面。他进一步解释道,公司不应该将这些措施当作一种公关手法,而应该同时推动和支持内部透明,这反过来也反映了公司对外界的态度。

即便如此,研究发现许多公司仍渴望内部透明。最近的一项研究显示,71%的员工觉得他们的主管并没有花足够的时间与员工沟通公司的目标。[3] "当被问到是什么阻止了公司的发展时,一半的员工指出是缺乏公司内部的透明。"[4]

为了提高内部透明,高级管理层有以下三个选择:

- 基于互动平台的内部沟通,如 Yammer、Chatter、Jive 或 Telligent,来促进员工之间的交流。如果管理得当,这些平台能在不同程度上提高互动,引起正式与非正式小组之间的讨论,既有助于信息流动,同时也能论证最佳的实现方式。同时,当高管分享公司面临的主要问题方面的信息时,透明度也会随之提高。

- 通过激励对个人或团体的贡献给予认可,由此宣扬新理念和推动创新。不仅仅要认可那些被采纳的想法,也要认可那些出于任何原因未能予以实施的想法,无论是出于成本还是机会原因的考量而未能采纳。

- 配置开放式办公系统，促进不同部门之间的接触与互动。

关于后者，在最近的一次美国之旅中我有幸参观了一些建筑，它们很好地诠释了透明度原理在建筑中的应用。位于曼哈顿市中心、由凯文·罗切（Kevin Roche）于1963年设计的福特基金会总部大楼中心是一个巨大的、被树木环绕的中央大厅，从这里可以抵达所有楼层，从这里也可以看到除了董事办公室外的几乎全部建筑中的一切。该设计使用透明玻璃，象征着像福特基金会这种非营利性机构通过其项目和沟通举措而实现透明的效果。

让我印象深刻的还有位于康涅狄格州纽黑文市的耶鲁大学管理学院 Evans Hall，诺曼·福斯特（Norman Foster）将之打造为一栋屹立在庭院周边、内外均设玻璃墙的四层建筑，就像福特基金会大楼那样，只是它是露天庭院。庭院周围是通往图书馆、自助餐厅、大礼堂和各教室及通道的入口，人们可能看到大部分建筑中发生的事情。这个设计也旨在反映企业环境中的理想透明度。

那么，这种物理透明是否应被全面应用？是否所有公司都要采用开放式办公室？

我有幸也参观了苹果公司总部，它名为"1 Infinite Loop"，位于加利福尼亚的库比蒂诺。就股票价值而言，苹果公司现为全球领先公司，也被视为最具创新能力的公司之一。同时，其创始人史蒂夫·乔布斯施行的企业文化限制信息交流，在产品与服务发布之前参与人员对此守口如瓶。乔布斯对项目严格保密的痴迷众所周知，所以如果某员工跟媒体讨论公司业务，那他恐怕就得另找工作了。

苹果公司园区的设计可以追溯到1993年。目前正建造一栋新的精美绝伦的总部大楼，也是由诺曼·福斯特设计，在这条路的前面几公里处极大地反映了苹果公司的保密文化特征。通往中庭的通道是一个单一入口，有保安在两侧检查每个人的证件，无论是访客还是员工，未经许可不得入内。大楼内部禁止拍照。同样，由苹果首席设计师乔纳森·伊夫管理的秘密研究实验室，是一个封闭空间，带有色窗户，出入管制极为严格。[5]

有趣的是，苹果公司的零售店却是对外开放的，与其总部的设计形成鲜明对比。玻璃制成的楼梯，开敞式的地面空间，加上明亮的灯光，使得整个店面一览无遗。读到这里，你觉得这是相互矛盾的吗？

不见得如此。苹果公司的保密文化适用于其价值链的早期阶段：设计、生产以及分销环节。它的目的在于誓死保护创新。对其产品的新奇元素保密直到产品发布，堪称是种完美战略。但一旦产品发布，苹果公司在提供创作信息和客户服务方面而言即成为透明的典范。苹果公司很少披露其企业政策、战略或研究，但会谈论许多关于其产品和他们所能够做到的事情。史蒂夫·乔布斯是位天生的沟通者，蒂姆·库克（Tim Cook）也具备这项能力。

总之，苹果公司的例子证明了公司业务活动各个领域的完全透明未必是产生创新和创造利润的最好方式。伊森·伯恩斯坦（Ethan Bernstein）的文章《透明的陷阱》中有说服力地称道，完全透明并不可取，至少在公司业务活动的三个领域如此。[6]

（1）一眼望穿的开放式办公室实际上会抑制创新和员工完成任务的能力，因为他们可能会觉得自己在本质上是受到监视的。特别是当不同工作小组在同一个区域工作时，彼此是从完全不同的角度看待手头的工作。我有个厨师朋友曾告诉我，比起近几年流行的向食客开放烹饪区域的餐厅，很多厨师觉得在远离公众视线的厨房里工作更自在些。部门的专属工作空间通常会提高生产效率，使员工没有那种时刻被老大监视的感觉。

（2）伯恩斯坦称，尽管透明有助于让员工了解重要决策，但对于员工绩效的相关反馈却并没有太大好处。比如说，有些部门用白板绘制目标达成的图表。伯恩斯坦提醒大家，有时候最好不要把团队个人成员的成就公开。有些人可能正在度过一段艰难的时期，或者可能牺牲了自己来成全集体，而那种被点名批评的感觉实在并非是最佳激励方式。

（3）在创新、试验以及开发过程中的特定阶段（正如苹果公司），或者正当进行微妙谈判时，透明也是不明智的。例如，让董事会和法律部门以外的人知道公司合并或收购另一家公司的消息，这就很愚蠢了。而且如果因为消息走漏，员工从媒体上看到自己公司的收购新闻，他们也会觉得一直被蒙在鼓里。通过内部计划沟通到位，提前通知后予以施行，可以有效避免这种情况。

总之，无论什么时候，透明对所有公司来说都不是绝对的。企业透明是一个度的问题。我们必须确定企业里的哪些小组要更透明一些以及目标是什么，如为了有效推动创新、分享企业信息和促进最佳实践等。对于员工来说，明白公司的战略和目标总是有益的。根据公司规模和业务活动的不同，首席执行官通过与其相符的渠道和方式参与其中，会让员工更有参与感。

同时，就员工业务和个人活动以及集体信息而言，建立透明与隐私之间的平衡同样重要。我们生活在一个可以随处随时获取公司与个人真假信息的世界。在这样的环境中，董事们会觉得自己一直在舞台上。我们需要尊重每个人的私人空间。

施行合规以外的透明惯例，同时尊重其竞争优势所在的保密性，公司就会从中受益匪浅。主动的外部沟通政策将会为公司各利益相关方打造更有优越性的透明感。同时，透明会产生客户信任与忠诚。

透明的严峻考验在于真实性。说到底,最重要的是公司运营者能够在必要时为其决策提供合理正当的理由,即使这些决策可能在公众当中引发争议。

总之,过度强制透明亦会适得其反。正如戴高乐将军曾经说过:"神秘是威望的精华所在。"在某种程度上,他是正确的。

12.2 写好自己的个人故事

假设一位好莱坞制片人想要拍一部关于你人生的电影——不仅涵盖你过往的生活经历,还包含预期的未来。如果接受了这笔交易,你可能要开始与编剧合作,或决定自己来撰写脚本。随之而来的故事应尽可能好地以动人心弦和引人注目甚至有趣的方式向大众重现你的人生。不管你的个人故事是否都由幸福时光组成,或者是否含有戏剧性甚至悲剧色彩,我们大多数人的人生都存在光明与黑暗、荣华与衰落、幸福与悲伤。

另外,要写好个人生平,脚本偶尔应脱离实际,增加史诗与诗歌的元素,重新塑造现实。

回归现实,我们的人生要出现在银屏之上看似不太可能,但我们或许会赞同,如果你是领导或具有显要的社会地位,那么练习撰写你的人生故事,对自己、对家人朋友甚至对广大利益相关方来说都是有一定意义的。

战略叙事专家艾米·沙曼(Amy Zalman)说道:"人性的困惑之一,是我们有一种内在冲动将现实故事化:我们热爱故事。"[7]确实,我们从孩童时期便热爱故事、寓言、家庭轶事、地方传说和古老文明史诗般的叙述。这些故事简化了世界的复杂性,给我们的环境带来意义,促进社会融合并赐予我们行为参考和角色模范。此外,故事增进了我们对广大多元的全体人类的归属感。

早期哲学家利用神话来解释一些影响我们生活的重大事项，因为他们知道故事有一种强大的教育力量。比如柏拉图，因其《洞穴》和《裘格斯戒指》中的神话而被很多人熟知。前者提到真正的知识是否可能存在；而后者在我看来，运气成分较少，思考了职责所在，不管外界压力如何。[8]

故事对推动社会组织和获取内外支持至关重要。国家、宗教、制度、家族传奇，当然还有公司的起源都依赖故事，通过现实或小说重现它们的起源与发展，使其因唯一性与独特性脱颖而出。

同时，讲故事对学习和个人发展必不可少，并被广泛用于儿童教育。我童年最有趣的一些记忆是和我母亲一起看完电影之后她给我们讲的故事。她强调的不仅仅是情节，还有她所观察到的画面及唤起回忆的内容，极大激发了我们的想象力和意识性，促进我们对学习知识产生更多的渴望。

不过，对故事的利用并不仅限于年轻人的教育。经验证明，故事在成年人甚至高管教学中也同样十分有用。商学院常用的案例研究方法利用独特的战略叙事，为公司或管理现状和数据赋予意义和统一性。有趣的是，根据高管项目中得到的反馈，那些责任更大的董事、经理人越来越倾向更加简短的案例研究，原因或许在于他们空余时间较少以及其独特的身份定位。思考的时间越来越少，这是高管工作的共同特征。

事实上，近几年故事和叙事分析在整个社会科学界盛行，从国际关系到商业战略和政治学，并促使了叙事学这个跨学科领域的诞生，其理论涉及叙事的结构方式以及相关问题。

关于这点，越来越普及的一个概念是"战略叙事"。战略叙事背后的基本假设是，讲故事是有目的的活动，叙事的那些人想要在听众或受众中引发影响，如增进激励、促进人们就某些事业或价值展开合作、巩固社区，甚至是衔接过去与未来。"叙事想象对我们的解释能力和预测能力来说必不可少。"马克·特纳（Mark Turner）解释道。[9]

与此类似，所有经理人的必备读物孙武的《孙子兵法》中讲道："真正的将领在所有战略中创造魔力。"[10]我对此理解为，公司领导采用的战略叙事能够适当地在精神层面激励他人。

确实，在商业沟通中，高层经理人精心挑选故事来描绘公司的里程碑或说明其组织文化和利益相关方的价值观、战略任务和本质特征。这些故事给公司增加了真实价值，使之具备了有主要战略优势的概念。

同时，首席执行官在报告中用故事来为主要战略决策提供正当理由或使之神秘化，为企业做变革时提供背景。"故事的使用是影响企业文化领域的最新潮流。世界各地的专家正开始意识到一些甚至小孩子都可以告诉他们的事：比起枯燥无味的事实与命题，故事更容易让人倾听和记住。"《金融时报》专栏作家露西·凯乐威（Lucy Kellaway）解释道。[11]

即便如此，战略叙事并非说教。后者是用于公司或自己的简短、快速报告中，可在鸡尾酒会、电梯、商业会议开场等其他社交场合使用。而战略叙事用时比说教长，需提供更多的细枝末节和参考文献来完整描绘你或你的公司。

编写叙事时，我建议你遵从美国公关人员的以下几条黄金法则：①讲一个有意义的故事；②精准，甚至简约；③强调情感多于强调概念。

如果你的公司还没有战略叙事，最好编写一份。这份叙事应刻画公司的制度性价值观、公司历史上的里程碑、主要业务活动、产品或服务以及其成员的主要特征。故事设有主角，且主角都是公司人物时会很有帮助。同时，之前的描述和前面章节中的叙事越呆板，它的未来导向和创新能力越低。当然，这也视构成叙事的故事是如何具有前瞻性和未来主义特征而定。

有自己的叙事性介绍是很重要的。加入关于自己的出生地、背景、主要性格特征等信息并包括自己人格形成方面的引人入胜的故事会是个好主意。你的故事也可以包括你的人生导师，或者你可以强调自己自力更生的成长历程。

当然，自己的故事随着时间流逝而变化着。有些个人叙事强调自己一生的持续性和统一性，而有些则突出人生不同层面、不同阶段的不连贯性。

我确信，付出努力编写自己的个人叙事将有助于给自己的人生赋予更多的意义，也许缺乏连贯，但你会发现你的经验足迹是呈分散状的。

12.3 退休是否仍然是个选择？

医学进步意味着，比起几十年前，对我们越来越多的人而言，年龄不再必然反映我们的健康状态或工作能力。在这个过程，我们似乎已经获得了至少十年额外的有效寿命。

到目前为止，我们倾向于认为，我们的心智随着身体的老化过程而产生变化，并且人生的不同阶段都会深刻地影响我们对世界和对自己的看法。直到我们称之为现代老龄化的形成对这些常规提出质疑。既然我们活得更长久了，自然该重新思考老年的意义。在不久的将来，尤其在发达国家，50 岁以上人口将占据许多国家人口结构中的大多数。这必将引发重大变革，有些已正在进行中，这种变化无论对个体还是社会而言都该有所启示。

我自己的观点是，活得更久不可避免地意味着延迟退休，同时人生与职业有了新的循环。我们可以期待针对 60 岁以上人士的新的教育举措，同时会看到越来越多的老年人就读大学，为了新事业或专业项目对自己进行再教育或再定位。

同时，政府需要获得构成庞大人口数量的老年人的支持，社会也会改变其看待和对待老年人的方式。我们有望看到越来越多关于老年生活的小说与电影，我们会读到越来越多的老年角色，社会上也会出现更多针对老年人的服务和产品；老年人的需求甚至也会反映在时尚之中。事实上，老龄化对企业家而言是最有前途的待开发领域之一，会催生无数创业公司。

变老是项"特权"，是"特别恩惠"，17世纪的法国哲学家蒙田（Michel de Montaigne）如此写道。[12]如今，至少在发达社会，过了65岁便有权退休和领取国家的以及存款累积的养老金。

但眼下我们需要问自己的是，考虑到我们会活得久点，无论这是否是个好主意，无论这是否健康、吸引人或可能退休，至少在目前的基准年龄退休，是否意味着除了打打高尔夫球，晚年时光便再无所事事（假设人们的养老金充足）。

可以想到的一个解决方案是，继续实施自愿退休政策，同时按延长的寿命逐渐提高退休年龄，这样，我们的社会便能够继续支付公共或私人养老金。

当然，不同的国家有着不同的自愿退休年龄。在瑞典和美国，人们想什么时候退休就什么时候退休，不能仅仅根据他们的年龄而被迫下岗。但任仕达（Randstad）公司的一项最新调查显示，1/3的人希望在62岁到63岁之间退休。[13]同时，诸如西班牙和意大利等国家正将退休年龄提高到67岁，而在德国，传言称退休年龄将延长到69岁。在中国和印度则是60岁。退休年龄最高的国家是澳大利亚，为70岁，欧盟委员会建议欧盟也照办，称这有助于保持我们的晚年生活更加积极。

但是，如果我们打算就退休问题展开讨论，为何不利用这个机会来重新思考工作的本质，朝着更加持续、收获更多的工作生活迈进，而非就此停步。我们一旦步入60岁便按比例减少职业活动，但仍可以继续做出贡献。对许多人而言，这仅仅是阻止我们行使在漫长辛劳一生后获得看似休息权的另一种方式。从另一个角度看，这种工作方式实际上会提高我们的老年生活质量，同时让我们的身心更加健康。75岁仍未显现任何衰老迹象的墨西哥商人卡洛斯·斯利姆（Carlos Slim）建议提高退休年龄到70岁，同时引进每周工作三天、每天上班时间延长的工作制。[14]

毋庸置疑，这种方法对需要体力支撑的专业人士来说并不起作用，如运动员或体力劳动者。

回到我们的中心主题：何时才是退休的好时机？对我们大部分人来说，这主要是经济问题：我们是否有足够的钱这么做？退休并非是在面对经济忧虑的时候，我们要确定已经存了足够多的资金，允许我们追求可能制订好的任何计划。在欠一屁股债的时候退休，或者仍有子女教育等大项开支时退休都不是好主意。

除了经济问题，还有其他待解决的问题。首先，正如管理大师罗伯特·萨顿（Robert Sutton）所指出的,[15]优雅地让位才是好主意，尤其是如果你想被人们铭记为"无私的管家"，而非自私的自恋狂。这意味着要有效地处理接任事宜，将你的知识以及与主要利益相关方的联络信息交送给团队其他人，并在必要时做好帮助团队解决难题的准备。

为不再工作的这个新年龄段设计自己的计划和项目同样至关重要。尤其是不要停止对新事物的学习，继续发展你在职业生涯里不断付诸实践的各项技能，跟上技术和科学的步伐，保持活跃的人际关系网络。

我们之中越来越多的人选择退休后前往世界上有着良好医疗资源、温和气候、较低物价的发达地区，那里对老年人而言更加安全。金融服务的全球化,加上国家之间的各种协定,如欧盟内部的通行政策等,以及便利的国家卫生服务,让越来越多领养老金的人前往西班牙等国家,或者拉丁美洲范围内的一些聚居地定居。

哲学家主要以两种角度看待老年人:最乐观的观点也许是西塞罗的看法,他的文章《论老年》以淡然的态度看待老龄化,他解释道,我们在进入人生的最后阶段时积累的是经历,我们可以通过生活在回忆中来补偿自己体质的下降。他采用了船长的类比,船长能够指挥各种操作,即使他无法再爬上桅杆。[16]但西塞罗真正做的是歌颂罗马元老院,那里有老年人和经验丰富之人,与施行专制帝国制度的尤利乌斯·恺撒及其继任者相反。

两千年后,存在主义教母西蒙娜·德·波伏娃在其《衰老的到来》一书中描写了步入衰老阶段以及不管我们自己的感受如何,社会对这个过程的消极认识。"从来没有人说起过一个美丽的老妇人",她写道,而只是"一位充满魅力的老妇人"。[17]

雇主也面临着管理高级职员的重大责任。通过创造公司人口统计图来帮助解决这一挑战也不失为一个好主意。老龄化人口会影响人才从职业通道中涌现,也会影响生产率。[18]同时,如上所述,最大限度地利用老年员工的好办法是引入更加灵活的工作时间制度。

我一直羡慕中国大型公司的一点是,他们大多设有特殊部门,由副总裁带领,职责在于寻求退休员工的利益和福利。这反映了中国对老年人的尊重传统,也是作为他们对集体贡献的回报。例如,中国石化针对40万名前任员工的政策是:"在中国石化历史上,退休者利用自己的正直、勤劳和对公司的贡献,赢得了同事们的尊重和认可。我们正在尽力关怀他们的生活与健康状况,通过时不时地拜访,给他们的人生增加抚慰与欢乐。"[19]

当然,也有不想退休的人。在这个信息社会,任何智力健全之人均可作出贡献。而且，如果你是自己公司的所有者，那么你可能短时间内不会考虑退休。对企业家而言，现实亦是如此。有些人会考虑在60岁后成为企业家，那为时不晚，比起充分利用自己的全部经验，还有什么更好的方法可以让我们享受人生的最后阶段呢？

12.4 美好人生

在我在牛津大学时光里，我记忆中最鲜活的画面之一是参与一堂由罗纳德·德沃金（Ronald Dworkin）主讲的关于"美好人生"的课。学院教室挤满了专注的学生，有些就坐在地板上。德沃金喜欢辩论。他是位出色的演说家，能言善辩，有时候会发表挑衅性言论，他对自己的听众从不无动于衷。因其多年从事法律专业期间他所展现的据理论辩的能力，曾被人称为"战无不胜的律师"。有一次他来到马德里，我在没有任何笔记的情况下记录下了他发表过的一篇言论。文章几乎没有修改，这也反映了他的心智训练和卓越的演讲技巧。

德沃金是位伟大的艺术爱好者，他用一个类比来描绘对自己而言什么是美好人生，即创作出我们个人认为的最好的艺术作品。他解释道，评估这种艺术事业的成功不应该仅仅关注成果、艺术作品本身或是我们的人生成就，更为重要的是产生这种结果的过程。正如艺术世界中真正重要的是艺术作品或风格的起源，就像毕加索从蓝色时期跃入立体主义的转变，而不是一幅特定画作，毕竟画作可被其他任何人模仿。评估我们的人生时，我们需要关注一生中所走的行程和线路："我们评判是否过好这一生不是单单靠像小说那样的完整叙事，因为这也体现了一种表演。我们人生的最后价值是副词性的，而非形容词性，是事关我们真实的生活，而非贴在最后结果之上的标签。这是表演的价值，绝非剥离表演后剩余的东西。"[20]

工作是赋予我们生活意义的重要部分：它占据了我们大量的时间，给我们提供生活手段，且有望成为满足感与个人发展的源泉。这就是我们为何如此热爱职业的原因。令人难过的是，世上大多数人并不享受他们的工作。如果你读到这篇文章，那么很可能你会成为那少数选择自己职业的幸运者。这种选择自由伴随着以最佳能力开展职业工作的责任而来，简单来说，就是成为一个纯粹的职业人士。

幸运的是，我们生活在一个多样化的世界里，它让我们有机会选择工作方式以及得出关于构成美好人生事物的结论。作为我们自身经历的产物，我们应当坚持：他人可以讲述他们的人生，我们可以遵循他们的模式，但最后，我们如何生活的决定权在于我们自己。

德沃金建议我们将人生当作一个过程，而非结果，这个建议可运用于任何主题，甚至近几年已经成为许多高尔夫球教练的口头禅。不管我们在组织中会担任何种职位，或者即使我们已经达到公司的顶峰，是经验和发展历程赐予了职业奋斗真正的意义。这就是为何我们未能得到某个职位时产生的沮丧感是毫无意义的原因。真正重要的是我们在尝试的过程中已经学到和体会的东西。

事实上，许多心理学家认为，比起我们一努力就得到它，我们从尝试获得某些东西的努力中会得到更多的愉悦。将人生比作一次旅行，最浓烈的感情发生在路上，而不是抵达时分，这是个常见的比喻，但当我们愈渐年长，其中意义愈发清晰。

克莱顿·克里斯坦森曾建议哈佛商学院的研究生做好多年职业规划，他将之提炼为一篇标题有趣的文章，即《你将如何衡量你的人生》。[21]阅读之前，我猜它会根据管理理论提出一个模型，允许我们自行衡量人生的个人价值。不同人的生命可否被评估？我们能否计算出自己人生的价值，或给我们认识的人分配人生价值？

这种练习毫无意义，因为我们给任何人均赐予了至高无上的价值。归心似箭时，我们觉得所爱之人的人生价值不可估量，甚至准备好牺牲自己，成全他们。同时，我们认为自己的人生乃无价之宝，自己的经历不可按照我们用在物品乃至动物身上的估值模型逐项列出。不得不说的是，有些人绝对会将其宠物的生命放在许多人类生命之前。

简言之，人类生命不能或不应受制于经济因素或交易费用。在漫漫历史长河之中，人类经历了奴隶制和人口买卖，悲剧的是，在当今世界的许多地方，人的生命依旧似乎毫无价值，那里的人们受到屈辱的对待。正直的人都会觉得他们有义务战胜这种惯例，并有义务将之彻底根除，移出我们的世界，因此我们钦佩那些与不平等和贫穷战斗而奉献出生命的人。

当然，正直之人很少会接受以累积财富和物质商品衡量生命的想法。金钱可以是自由的工具，拥有必要资源意味着能够相对舒适地生活，能够向我们心爱之人提供福祉与机会。但大部分聪明人明白，一旦基本需求得到满足，幸福就会依赖于如与我们所爱之人的关系等其他因素。

回到克里斯坦森的建议上。除了推荐其研究生设计一种以所需人才、时间和能量为重点的个人战略外，他还提供了个人生命评估中的明智建议："我的结论是，上帝用于评估我的人生的度量工具不是金钱（克里斯坦森，一位虔诚的教徒），而是我接触过其生命的个人。不要担心你已经取得的个人声望水平，该关注的是你所给予帮助的人有没有成为更好的自己。"

也许，过美好人生的黄金法则之一是，永远不要把周围的人当成一种手段，而是把他们当作自己的目标。这个法则适用于各类场景，如与心爱的人、朋友、同事以及我们打交道的所有人。

如果我们把存在视为进化，那么像大卫·威利文（J. David Vellerman）等思想家会认为，人生若在时间流逝下改善则会向上，而不是随波逐流至困难境地："思考两种你可能度过的不同人生。一种人生从深渊启程，但有着向上的趋势：童年时的贫困，青少年时的备受困扰，成年早期的斗争与挫折，最后随之而来的是中年时的成功与满足，而后祥和退休。另一种人生从高峰启程，但一直走下坡路：童年和青少年时幸福快乐，成年早期时早早收获胜利与回报，随之而来的是中年时的各种不幸，以及所导致的老年时的悲惨不幸。"[22]

威利文认为第二种更好，虽然我设想他会承认他的思维是有缺陷的。但人生从来不会是条直线：我们在不同时期经历起起伏伏。虽然可能以进步或后退描述一个人的人生，但这种描述不过是文学上的练习，而非针对我们自己看待自己人生的一种反思。大卫·科波菲尔与李尔王都是充满威望的角色，但他们的大部分老年生活与自己的经历毫无关联。而且，在不考虑逆境、健康问题或失去心爱之人的假设下，美好人生是通过衡量重大事项以及了解如何成熟与变老而发展的。

回顾我们的人生，应不惜一切避免两种感觉。第一是遗憾，尤其是我们在特定时期如何对待他人。遗憾的最好应对方式是请求原谅。说句抱歉非常有益健康，也能帮助我们克服内疚，有时候甚至会重新赢得我们认为会永远失去的关系。反过来，原谅，真正的原谅会带来内心平和。不要忘了，原谅是一度为诸神保留的权力。

当我们越来越老时，倾向于陷入的第二种感觉是怀旧。但不像回忆那样会唤醒过去经历，尤其是快乐回忆，怀旧仅仅是一种时光已流逝的感觉，让我们听天由命，阻止我们乐观地面对未来。养成这种怀旧之感是不明智的，是使我们不知所措的无用功。

古希腊人写过三种传记：①颂歌，最初被用来颂唱以表扬奥运会的获奖者；②流浪传记，受亚里士多德影响，注重主角的美德和特征，基于"一个人的性格会反映在其行动中"的信念；③科学传记，按时间顺序概述了某个人的一生，而不是探索他们的性格，这往往更加枯燥，却也更加注重事实。[23]

当我们回顾自己的人生时，无论是从退休角度，还是作为工作到70岁以上的新一代高管，我们忍不住去想自己最希望被铭记的样子是怎样。同时，也许我们应该花些时间与年轻同事分享我们一路以来获得的智慧，帮助他们指明美好人生的方向。

注释

1. Elaborated after. http://blog.experts-exchange.com/ee-tech-news/transparency-in-business-why-it-matters/.
2. A. Werbach, *Strategy for Sustainability: A Business Manifesto* (Boston, MA: Harvard Business Publishing, 2009), p. 102.
3. "Cost of Poor Internal Communication." http://www.slideshare.net/ldickmeyer/cost-of-poor-internal-communications-912.
4. I. Pozin: "How Transparent Is Too Transparent In Business?", *Forbes*, February 4, 2014. http://www.forbes.com/sites/ilyapozin/2014/04/02/how-transparent-is-too-transparent/.
5. W. Isaacson, *Steve Jobs* (New York: Simon & Schuster, 2011), p. 345.
6. E. Bernstein, "The Transparency Trap," *Harvard Business Review*, October 2014.
7. e dostrategic-narrative.net/#sthash.imxNkl1c.dpuf.
8. Plato, *The Republic*. www.gutenberg.org/files/1497/1497-h/1497-h.htm.
9. M. Turner, *The Literary Mind* (New York and Oxford: Oxford University Press, 1998). pp. 14-20.

10. Sun Tzu, *The Art of War*, translated by L. Giles, (Stockholm: Chiron Academic Press, 2015).
11. L. Kellaway, *Sense and Nonsense in the Office* (London: Financial Times/Prentice Hall, 2000), p. 19.
12. M. de Montaigne, "De L'Age," in *Oeuvres Complètes*, edited by Albert Thibaudet and Maurice Rat (Paris: Gallimard, 1962), p. 311.
13. http://www.jubilacionypension.com/jubilacion/guia/cual-seriala-edad-ideal-de-jubilacion/.
14. Ibid.
15. R. Sutton, "Stepping Down Gracefully," Harvard Business Review, June 2011.
16. Cicero, *Cato Maior De Senectute*, edited by J. G. F. Powell (Cambridge: Cambridge University Press, 1988).
17. S. de Beauvoir, *La Vieillesse* (Paris: Gallimard, 1970).
18. R. Strack, J. Baier, and A. Fahlander, "Managing Demographic Risk," *Harvard Business Review*, February 2008.
19. http://www.sinopecgroup.com/group/en/socialresponsibility/Care/scc.shtml.
20. R. Dworkin, "What Is a Good Life?," *The New York Review of Books*, February 10, 2011. http://www.nybooks.com/articles/archives/2011/feb/10/what-good-life/.
21. C. Christensen, "How Will You Measure Your Life?", *Harvard Business Review*, July-August 2010.
22. J. D. Vellerman, "Well-Being and Time," *Pacific Philosophical Quarterly*, Vol. 72 (1991), pp. 48-77.
23. Suetonio, *Vida de los Doce Césares*, edited by R. M. Cuevas (Madrid: Gredos, 1992).

第13章

结语：人间天堂与工作中的满足感

"谁何尝不曾梦想存足够的钱，退休后在某个人间天堂心满意足地生活？"这是汤姆·威尔森的计划，汤姆·威尔森是萨默塞特·毛姆于1935年创作的短篇小说《食莲人》[1]中的主角。小说中，威尔森是位在伦敦辛勤工作的银行经理，35岁时失去了妻子和女儿，对任何人来说这都是无法承受的两大最沉重的挫折。为了忘掉悲伤，他前往意大利旅行，那里他参观了卡碧岛——一个令他心醉的田园般的景点。

回归伦敦的正常工作生活后，威尔森开始计划提前退休，然后定居卡碧岛。由于不再有家庭责任，他认为自己提前退休的养老金、卖房款和存款将让他有足够的钱用于未来几十年的生活，当时是20世纪早期，人类平均寿命为60岁左右。威尔森实施了他的计划，并开始在卡碧岛享受朴素而安详的生活。

时光匆匆，20年的沉思生活后，他的收入锐减至一无所有，那一刻他决定结束自己的生命。他把自己锁在房间里面，点燃炭火，他清楚他会因房间里充满一氧化碳而中毒，于是他躺在床上等死。第二天，当他被人发现时已没有意识，但仍活着。烟雾使他大脑受损。威尔森又多活了几年。他一贫如洗，活在社区边缘，睡在他前任员工提供的棚子里。

文末，叙述者这样评论威尔森的境地："我认为整体上，我们都得到应得之物，……但这并不阻止它变得十分可怕。"

毛姆的"我们都得到应得之物"的断言有待论证，尤其是记住道德、运气在我们生活中所扮演的角色。任何情况下，我们都会在人生重要时刻做出影响我们余生的决定。《食莲人》提供了一个很好的例子，那就是当我们贸然退休前往人间天堂，但没有充足资金过好舒适生活时，会出现哪些错误。至少可以说，如果我们要采纳这个决定，明智的举动是创业或是在选择的天堂再找工作；不仅仅要花钱过好我们无法猜测长度的人生，还要让我们的身体和精神处于良好的状态。

这个观点不是威尔森所认同的："悠闲，……真希望人们能知道它！这是一个人所能拥有的最无价的东西，他们这群傻瓜甚至都不知道这是要争取的东西。工作？他们为工作而工作。他们没有头脑，没有意识到工作的唯一目标在于获得悠闲。"

你认同威尔森的观点吗？有趣的是，一项盖洛普的最新调查发现，美国仅有30%员工觉得自己真正投入了工作。在世界各地的142个国家中，感觉投入工作的员工比例仅为13%。[2]鉴于此，大部分人看似可能明天就会辞去工作，前往各自的福地，在那里他们可能通过赢得博彩或继承大笔遗产而使得财富剧增。

威尔森失去了他的家人：显然我们继续工作的主要原因是要维持和提高我们所爱之人的生活条件。即便如此，我想要探讨激励我们保持工作的内在原因，这些原因与工作本身和我们的个人秉性相关，而非仅仅是抚养家人等外部因素。

我们在工作上都会遭遇阴雨天。在这种情况下，像威尔森那样，我们可能会梦想飞到某个天堂般的目的地，在那里度过让人羡慕、无忧无愁的余生。我们可以采取哪些措施来提高我们对待工作的热情，享受工作，甚至愉快地开展工作呢？以下是几点建议：

- **首先，享受工作主要视个人而定，与他人无关**。你的积极态度和心情在遇到工作场所事情变动时是起到决定性作用的。如果你允许我改述一些著名建议的话，那就是：不要思考其他人，如你的老板和你的同事能在工作上为你做些什么，而是考虑你能做些什么来将公司发展为一个受人尊敬和喜爱的组织。

- **准备一份简短、积极的演讲**。内容关于你的工作和职责、你的成就以及你的职业目标等类似报告的东西，可以在家长日时在你子女的学校里讲出。试着使这份讲稿鼓舞人心，使之成为助你赚得听众赞誉的报告。我相信，反复做过几次后，你会觉得自己与工作的联系增强。

- **思考和计划自己公司的发展目标**。思考未来五年你希望如何使事业更上一层楼，考虑必要的培训和教育。

- **设定未来最重要的任务**。一些人认为空闲时期最重要的是与工作完全隔离。我不同意。我认为工作和空闲时光应在你的人生自然流动。如果你在空闲期间产生好的想法，把它们写下来或记录下来。

- **同样，为你的自由时间做好准备，这样你可以适当享受自己的爱好与休闲追求**。有些人将自由时间视为空白区或减压室。尤其是在充满压力的工作余波中，这可能更好理解，但好的办法是为休闲活动做规划并使之丰富多彩。

最后一条建议是：探索最近几年积极心理学上的进程。如果你认为自己需要外界帮助，与教练交流，看他们如何能够帮助你关注到自己的事业。

我们的工作应该是自我满足和幸福的源泉。正如本书所展示的，以专业和道德的方式行权的管理会是最高尚的职业之一。

注释

1. W. S. Maugham, "The Lotus Eater," in *Collected Short Stories* (New York: Penguin, 1951).
2. http://www.nytimes.com/2014/06/01/opinion/sunday/why-youhate-work.html.